淘金元宇宙

START-UP IN METAVERSE

王文革
孙霄汉
著

北京时代华文书局

图书在版编目（CIP）数据

淘金元宇宙 / 王文革, 孙霄汉著 . -- 北京 : 北京时代华文书局 , 2025.3
ISBN 978-7-5699-4718-2

Ⅰ . ①淘… Ⅱ . ①王… ②孙… Ⅲ . ①信息经济 Ⅳ . ① F49

中国版本图书馆 CIP 数据核字 (2022) 第 197012 号

TAOJIN YUANYUZHOU

出 版 人：陈　涛
策划编辑：周　磊
责任编辑：周　磊
责任校对：陈冬梅
封面设计：天行健设计
版式设计：迟　稳
责任印制：刘　银

出版发行：北京时代华文书局 http://www.bjsdsj.com.cn
　　　　　北京市东城区安定门外大街 138 号皇城国际大厦 A 座 8 层
　　　　　邮编：100011　电话：010-64263661　64261528

印　　刷：天津丰富彩艺印刷有限公司	
开　　本：710 mm×1000 mm　1/16	成品尺寸：170 mm×240 mm
印　　张：17	字　　数：229 千字
版　　次：2025 年 3 月第 1 版	印　　次：2025 年 3 月第 1 次印刷
定　　价：66.00 元	

版权所有，侵权必究
本书如有印刷、装订等质量问题，本社负责调换，电话：010-64267955。

序 一

在这个信息爆炸的时代，我们见证了技术飞速发展，尤其是人工智能、虚拟现实、区块链等技术融合，催生了一个全新的概念——元宇宙。《淘金元宇宙》这本书由王文革和孙霄汉合著，为我们揭开了元宇宙的神秘面纱，带领我们探索这个充满无限可能的新世界。

在这本书中，作者不仅深入探讨了元宇宙的起源、发展和未来，还详细分析了元宇宙在不同行业中的应用，以及它如何影响我们的经济体系和社会结构。书中的内容涵盖了从技术基础到商业模式、从社交互动到内容创作等方面，向我们展示了一个比较全面的元宇宙图景。

王文革教授和孙霄汉博士都是各自领域的专家，他们通力合作，使这本书既有深度又有广度。王文革教授在投资投行界拥有丰富的经验，能够从经济和金融的角度分析元宇宙的潜力和挑战。孙霄汉博士精于人工智能和数字化转型，为书中的技术讨论提供了坚实的基础。

本书对元宇宙的探讨不仅限于理论，还包含大量案例研究和实际操作建议。这些内容对于那些希望在元宇宙中创业或寻找新机会的读者来说，无疑是极具价值的。本书还讨论了元宇宙可能带来的社会和伦理问题，如隐私保护、知识产权和数字身份认证等，这些都是构建健康元宇宙生态的关键因素。

《淘金元宇宙》不仅是一本关于技术和经济的书，还探讨了元宇宙对人类文化和精神世界的影响。书中提到，元宇宙可能是人类文明发展的下一个阶段，它将改变我们对现实和虚拟的感知，甚至可能重塑我们的价值观和生活方式。

在阅读这本书的过程中，我被作者对未来的深刻洞察和对元宇宙潜力的乐观态度感染。这本书不仅是关于元宇宙的指南，更是关于未来的启示。我向各位对未来充满好奇、希望在元宇宙这个新兴领域中找到自己位置的读者诚挚推荐这本书。

朱嘉明

著名经济学家

横琴数链数字金融研究院学术与技术委员会主席

序 二

在这个充满变革的时代，元宇宙作为一个全新的概念，正逐渐从科幻小说中的概念成为现实世界的一部分。本书由王文革教授和孙霄汉博士合著，他们从多个角度深入探讨了元宇宙的技术和应用，以及它将如何影响我们的生活和工作。书中不仅介绍了元宇宙的基本概念、技术发展、经济体系、社交互动、内容创作和财富创造等内容，还提供了丰富的案例分析，为读者提供了宝贵的见解。《淘金元宇宙》为我们提供了一个全面而深入的视角，探索了元宇宙的起源、发展、现状以及未来的无限可能。

本书先从元宇宙前史讲起，详细阐述了元宇宙的发展历程，包括其技术基础、社会影响和经济潜力。作者深入浅出地为我们揭示了元宇宙这一新兴领域的复杂性和多样性，不仅讨论了元宇宙的技术层面，还探讨了其在社会、文化和经济层面的深远影响。

在探讨元宇宙与相关行业融合方面，本书提供了丰富的案例和深入的分析，展示了元宇宙如何在游戏、社交、教育、医疗等多个领域中发挥作用，让我们看到了元宇宙在推动行业创新和转型中的巨大潜力。

本书对元宇宙经济体系的探讨尤为精彩，详细分析了元宇宙中的货币、资产、市场和规则，以及它们如何影响我们的经济活动。这些内容不仅让我们能够深刻理解元宇宙的经济体系，还为我们揭示了在元宇宙中创造财富的机会。

在讨论如何在元宇宙中创造财富时,本书提供了一系列策略和方法。从游戏到时尚,从内容创作到社区建设,作者为我们提供了一系列实用建议,帮助我们在元宇宙中找到自己的立足点。

本书的最后对未来的元宇宙进行了大胆预测和展望,不仅分析了元宇宙的技术基础,还探讨了元宇宙可能带来的社会变革。这些内容令人对未来的元宇宙充满了期待。

《淘金元宇宙》是一本全面、深入、实用的元宇宙指南。它不仅为我们提供了对元宇宙的全面认识,还为我们提供了在元宇宙中探索、创新和成功的工具。我强烈推荐这本书给所有对元宇宙感兴趣、希望在这个新兴领域中找到自己位置的读者。

肖风
中国万向控股有限公司副董事长
万向区块链董事长

序 三

在科技迅猛发展的当今时代，元宇宙作为一个新兴的概念，正在迅速改变我们对现实世界与虚拟世界的认知。本书由王文革和孙霄汉合著，深入探讨了元宇宙的起源、发展及其对未来社会的深远影响。

元宇宙不仅是一个技术概念，还代表了一种全新的社会和经济形态。通过虚拟现实、增强现实、区块链和人工智能等技术融合，元宇宙为我们提供了一个与现实世界平行的虚拟空间。在这个空间中，人们可以进行社交、娱乐、教育、商业等多种活动，形成了一个全新的经济生态系统。

本书从多个角度深入分析了元宇宙的技术基础、经济体系、商业模式、社交互动、内容创作等，向我们展示了一个全面的元宇宙图景。作者不仅探讨了元宇宙在不同行业中的应用，还详细分析了它如何影响我们的经济体系和社会结构。

王文革教授在投资投行界经验丰富，对经济和金融领域的动态有着敏锐的洞察力，能从宏观经济和金融视角剖析元宇宙的潜力与挑战。孙霄汉博士深耕信息科技行业，在区块链技术、数字经济等领域造诣深厚，为书中的技术讨论构筑了坚实基础。两位专家携手合作，使得本书兼具广度和深度，内容丰富，兼具专业性和实操性。

《淘金元宇宙》是一本全面、深入且极具前瞻性的书籍，宛如一把钥匙为我们开启了元宇宙这一新兴领域的大门。它不仅让我们对元宇宙的过去、现在有了清晰的认识,更引领我们畅想元宇宙的未来。无论是从理论研究的角度,还是从实践应用的角度,这本书都具有重要的参考价值。它为我们在元宇宙这片充满无限可能性的领域中探索提供了指引,激发了我们对未来科技生活的想象和追求。

无论是对行业从业者、科技爱好者来说,还是对未来充满好奇的大众来说,本书都具有极高的阅读价值。我相信每一位阅读本书的读者,都会在元宇宙的世界中收获启发,对未来的科技发展充满期待。

Ken(肯)博士

Talking Web3 创始人

非小号掌门人

目 录

■ 第一章 元宇宙前史

第一节 元宇宙的由来 2
第二节 元宇宙的盛况 11
第三节 元宇宙的发展史 14

■ 第二章 元宇宙与行业融合

第一节 元宇宙中的沉浸式游戏体验 29
第二节 元宇宙重塑人际关系 45
第三节 元宇宙在健康领域的应用 55
第四节 元宇宙中的学习新天地 72
第五节 元宇宙引领旅行新趋势 88

第三章 元宇宙经济体系

第一节　元宇宙经济入门　102

第二节　元宇宙中的金钱游戏　116

第三节　元宇宙中的数字资产　133

第四节　元宇宙经济的玩家　155

第五节　元宇宙经济的规则　172

第四章 如何在元宇宙中创造财富？

第一节　元宇宙财富攻略　184

第二节　在游戏与时尚领域淘金　199

第三节　内容创作与活动赚钱　206

第四节　社区和网络效应　222

第五章 畅想元宇宙的未来

第一节　元宇宙的技术基础　235

第二节　元宇宙的巨大影响　240

第三节　从"技术层面"的元宇宙到"精神层面"的元宇宙　250

后　记　257

第一章
元宇宙前史

第一节　元宇宙的由来

一、从 metaverse 到"元宇宙"

"元宇宙"是近年来炙手可热的一个新名词,仿佛就在一夜之间,"万物皆可元宇宙"。这个陌生的概念裹挟着一股巨大的力量,把人们此前关于互联网的知识和经验冲得七零八落,然后混杂了许多新颖的名词和技术,向我们展示了一个全新的虚拟世界。现在,如果一个人说不上几个与元宇宙相关的词语,这个人可能就会被认为落伍了!

"元宇宙"的英文metaverse是一个组合词。verse是universe(宇宙)的缩写,因此verse被翻译为"宇宙",这一点是没有什么争议的。但meta被翻译成"元"则是存在一些争议的。meta的原意是"之上",由其组成的英语单词中比较常见的单词是metaphysics,即"物理学之上",被翻译为"形而上学"。著名古希腊哲学家亚里士多德曾以此为他著作的名称,形而上学也成了哲学(philosophy)的一个分支学科。

因此有人认为,把metaverse翻译成元宇宙不太准确,翻译为"宇宙之上"或"宇宙之外"更符合英文原意。这个说法值得商榷。现代汉语中的

"元"在作为词的前缀时，基本用于描述某种对象的根基、原始、第一因等意思，如：元语法，指语法的基本规则；元规则，指所有规则的基本规则，就像公理之于定理；元编码，指所有程序语言的基本规则。

汉语里的"元"字在甲骨文里就有，字形像人的头顶上有一个初升的太阳，意为太阳升起人起床，有"一天开始"或者"一年开始"的意思，如元旦。《周易》里有"元亨利贞"的卦辞，即判断一个状态结果（吉凶悔吝等）之前的特性。其中"元"，指初始、创始，即万物初生、充满生机的状态。具备创始特征的事物或状态（元），才能发展顺利（亨），就会有收益、有利益、有好处（利），且能保持不变（贞）。因此，"元亨利贞"就是指善始善终，开始的时候美好，过程顺利又能获益，结果圆满。《易传》中有"'元'者，善之长也"的说法，意为元是一切美好事物的领袖。

如此看来，metaverse被翻译成"元宇宙"是非常精准的。"元宇宙"比"宇宙之上"更简洁、更有内涵，也更有力量感。

二、科幻小说中的元宇宙

"元宇宙"这个词最早出现在1992年出版的一部美国科幻小说《雪崩》（*Snow Crash*）之中。该书讲述了一个真实的虚拟世界的故事，书中描述了一个平行于现实世界的网络世界——metaverse，所有现实世界的人在metaverse中都有一个化身——阿凡达（Avatar，有部很有名的同名电影）。现实世界的人通过控制其化身，在metaverse中进行人际交往和竞争以提升自己的地位。

《雪崩》描述了这样一个虚拟世界：主角来到一个商业街区——元宇宙的香榭丽舍大道，街道很长；商业街区有几百万人往来穿行；街区中有很多店铺；人们开设店铺需要第三方批准，然后购买临街的土地，获得相关执照，还可以贿赂检查人员等。人们通过数字虚拟化身在这个街区中行走和互动。这个虚拟世界具备了现实社会的诸多核心要素，比如街区、社交活动、商业地产开发、商业活动等。现实中的人们通过VR（Virtual Reality，虚拟现实）设备与虚拟世界的人们共同生活。书中写道："阿弘进入元宇宙，纵览大街，他看着楼宇和电子标志牌延伸到黑暗之中，消失在星球弯曲的地平线之处……他实际上正盯着的不过是一幕幕电脑图形表象——一个个出自各大公司设计的无数各不相同的软件的用户界面。"

"那是元宇宙的百老汇，元宇宙的香榭丽舍大道。它是一条灯火辉煌的主干道，反射在阿弘的目镜中，可以被眼睛看到，可以被缩小、被倒转。它并不真正存在，但此时，那里正有数百万人在街上往来穿行。"

即使在1992年，《雪崩》描述的虚实共生的场景也并不令人费解，因为其本质依然是现实世界中人们的日常生活在虚拟世界的投影。这有些像《西游记》中孙悟空大闹天宫的情节，据有人推测那其实是影射明代嘉靖朝的"大礼议之争"。虚实共生，或者说从现实世界穿越到虚拟世界，从虚拟世界回到现实世界，虚拟世界与现实世界可以互动，似乎也可以用庄周梦蝶和蝶梦庄周来想象。

科幻小说可以给科技发明提供灵感。其实最早拥有元宇宙要素的小说并不是《雪崩》，而是英国作家玛丽·雪莱于1818年所写的《科学怪人》。该书讲述一位科学家制造了一个由不同肢体组合起来的"人"，这位科学家和他制造的科学怪人之间发生了冲突，最后双双殒命，以悲剧收场。200多年过去了，人们讨论的机器人伦理等问题，并没有超越玛丽·雪莱提出的思路和框架。另一位重要的科幻小说作家是美国的艾萨克·阿西莫夫（Isaac

Asimov，1920—1992），他所提出的"机器人学三定律"被称为"现代机器人学的基石"。

了解科幻小说的历史有助于理解元宇宙。不少元宇宙游戏的设计借鉴了科幻小说的故事情节、场景。

有一点需要说明，尽管《雪崩》里的有些场景拥有元宇宙的特征，不过这部小说只是创造了"元宇宙"这个词，而不是元宇宙的内容。

三、元宇宙的核心特性

元宇宙是由包括人工智能、区块链、交互传感技术等集成类技术赋能的一个实时在线网络，是虚拟世界和现实世界相互作用下形成的"有机生态体系"。尽管元宇宙的热度很高，但并没有统一的定义。

人们公认元宇宙具有以下特点：沉浸式体验、开放性、虚拟身份、社会性、确权等。

除此以外，元宇宙还具备五个特性。

第一，元宇宙是建立在某种"超级装备"之上的。得益于各种核心软硬件技术不断发展，一些面向消费者的产品不断面世，可以让消费者体验虚拟世界。VR眼镜、脑机连接装备、裸眼3D设备、仿真游戏软件，都是以"硬科技""黑科技"、高科技产品作为基础的。这是元宇宙首要的核心特征。

元宇宙在消费者端（to C）、企业端（to B）、政府端（to G）都有着丰富的应用场景，将对娱乐、购物、远程办公、金融、制造业、城市治理、研发等领域带来深刻影响。元宇宙产业的整体技术发展仍处于萌芽阶段，距离接棒移动互联网成为下一个数字经济的"主战场"还有较长的道路。

人工智能可以为大量的元宇宙应用场景提供技术支撑，其应用主要集中在智能语音、自然语言处理（NLP）、机器学习和计算机视觉四个方面。此外，云技术在元宇宙中的应用主要集中在算力、储存和渲染三个方面。

元宇宙在十个领域的应用场景尤其值得期待，分别是娱乐、社交、零售、制造业、金融、医疗、远程办公、教育培训、研发、城市治理。

第二，元宇宙要重建虚拟的现实世界，无论是新的星球、新的城市，还是新的时代。

元宇宙的发展仍有很多核心问题需要解决。我们需要重点关注来自技术突破、生活方式、社会伦理、隐私与数据安全以及立法监管等方面的挑战。

例如，元宇宙银行可以打造一种无所不在的沉浸式服务。不过金融业在风险控制、合规等方面有着非常严格的要求，因此当元宇宙被应用于金融业时，人们也需要关注其对金融风险控制带来的新的挑战。

第三，元宇宙的落脚点是人的六感。从本质上来说，元宇宙是人的活动。这就是说，无论科技如何先进、体验如何新奇，元宇宙给人的感受最后依然要落到人类的六感——眼、耳、鼻、舌、身、意的感觉，即视觉、听觉、嗅觉、味觉、触觉、意识之中，而六感的最长时间限度，约为人的总寿命（年龄）乘以365天乘以24小时（86 400秒）。假设我们每秒有一次情绪起伏，我们可以说，人体验六感的极限就是每天86 400次的感觉变化。极乐也好，极苦也好，人的感知的极限就是一天86 400次的情绪起伏。人的身体能承受（包括能持续承受）的六感的愉悦或痛苦，都受到人体器官的生物学特性制约。因此，我们不应对元宇宙抱有过高期待，不要以为在拥有各种"黑科技"的元宇宙里人就无所不能了。由此可见，超出人类生物学限制的元宇宙产品设想都是空中楼阁。没有人的元宇宙，包括理论上可以自动运转、不需要不虚人（化身的主人）参与互动的虚拟人，在逻辑上是可疑的。但有一点是确定无疑的：在元宇宙的世界里，可以让人的六感体验到前所未有的感觉，每个人的"增强感觉"（六感）有可能数百倍地超越现实世界中个人生活经验的范围，包括便利性、梦想满足性等。这就是说，元宇宙将极大地提升或者增加人类感知的内容与边界，包括感知极限。

第四，元宇宙的本质不仅是个体性的，还是社会性的，也是关系性的，因此元宇宙必然是超级媒体。如果说过去的单机游戏、网络游戏是个体性的，那么几乎所有的元宇宙产品都必然是社会性的，也是关系性的。这就是为什么说元宇宙中极有可能会诞生下一代超级社交媒体的原因。因此，我们也就不难理解为什么社交巨头Facebook（脸书）会迫不及待地直接把公司的名称改成Meta（元）了。

第五，元宇宙涉及大量新基础设施，即"新基建"，如数据中心、通信网络、信息处理系统、网络安全系统，以及绿色能源发电装置等。元宇宙中会有大量数据传输。为了支持大量数据传输，元宇宙需要规模庞大的高性能信息基础设施。没有这些基础设施支撑的元宇宙设想，也是空想。

上述五个特性是元宇宙不可或缺的核心特性。当然，根据不同的分类方式，也有人把元宇宙的核心特性用其他方式描述。因此，我们可以对元宇宙给出一个相对严格、范围更清晰的定义：

元宇宙=超级装备+超级算力+超级体验+超级媒体+超级"新基建"

无疑，这是一个前所未有的新世界。至于虚实之间如何交叉、混合，或者各自单独存在，都要在上述五个核心特性之上去定义。因此，上述五个特性，可以被称为元宇宙的元特性。其他所有关于元宇宙的特性、规则、产品，都必然要在这五个元特性之上去发展和衍生。

四、元宇宙元年

基于元宇宙的五个元特性，我们可以确定，2021年才是元宇宙的正式开启之年，标志性事件如下：

2021年3月，Roblox（罗布乐思）在纳斯达克上市，其上市文件列举了元宇宙的七大特征。Roblox成为元宇宙第一股，上市首日市值就突破400亿美元。

2021年4月，美国国防部花费219亿美元向微软采购头戴式MR（混合现实）设备。微软已经推出了企业级的头戴式MR设备——HoloLens（全息透镜）系列，为多个行业提供MR解决方案，并可以为企业量身定制。

2021年5月，谷歌在开发者大会上公布名为Starline（星线）的3D视频通话技术。

2021年10月，Facebook正式更名为Meta，并发布全面进军元宇宙的计划。

2022年1月18日，微软以687亿美元的价格收购游戏公司动视暴雪，惊动了整个游戏行业。

自此开始，元宇宙成为全世界热议的话题。可以说，正是在情理之中又在意料之外的"黑马"Roblox与"白马"Facebook，吹响了元宇宙时代的号角，也吹醒了全世界的众多相关公司。

五、中国政企发力元宇宙

国内互联网圈、游戏圈、XR（扩展现实）圈乃至区块链圈也不甘落后，元宇宙战略、产品、投资与合作紧锣密鼓地发布：

字节跳动以社交与娱乐为切入点，从硬件装备、底层构架和内容场景三大方向发力布局元宇宙；

腾讯以内容和用户侧为核心优势，在游戏、社交媒体和人工智能的技术能力方面加速布局元宇宙；

阿里巴巴在VR硬件方面完善技术，利用"流量+算法"优势，增设操作系统实验室和XR实验室，淘宝和天猫有望成为向元宇宙转型的数字商业平台；

百度在苹果商店推出VR社交APP（移动互联网应用程序）希壤，用户可以通过创建虚拟身份，在虚拟世界中与好友进行互动。

2021年12月23日，中央纪委国家监委网站发布文章《深度关注：元宇宙如何改写人类社会生活》，对元宇宙给出了如下定义：通常说来，元宇宙是基于互联网而生，与现实世界相互打通、平行存在的虚拟世界，是一个可以映射现实世界又独立于现实世界的虚拟空间。它不是一家独大的封闭宇宙，而是由无数虚拟世界、数字内容组成的不断碰撞、膨胀的数字宇宙。

2021年12月21日，上海市委经济工作会议提出："引导企业加紧研究未来虚拟世界与现实社会相交互的重要平台，适时布局切入。"因此，上海市政府的这一动作被业内称为"我国地方政府对元宇宙相关产业发展的第一次正面表态"。此后，上海经济和信息化委员会于2022年1月8日召开会议，在2022年产业和信息化工作计划中，强调加快布局数字经济新赛道，紧扣城市数字化转型，布局元宇宙新赛道，开发应用场景，培育重点企业；同时强调要引导企业加紧研究未来虚拟世界与现实社会交互的重要平台。

自上海开先河之后，杭州、宁波、无锡等城市也把元宇宙纳入未来产业发展规划之中；武汉、合肥将元宇宙写入了2022年的当地政府工作报告中；北京推动组建元宇宙新型创新联合体、探索建设元宇宙产业集聚区；杭州成立元宇宙专业委员会；深圳成立元宇宙创新实验室。

一时间，几乎所有的互联网公司、投资公司、"新科技硬件"企业、咨询公司，都发布了与元宇宙相关的战略。一张又一张"元宇宙产业生态图"被发布出来，各大公司都被列入生态图里，好像元宇宙已经是一个成熟的产品形态与产业链了。

实际的进展当然没有这么快，但元宇宙的产业轮廓却逐渐清晰起来：一幅庞大的包含此前所有计算机技术、互联网技术、人工智能技术的元宇宙蓝图，已经呈现出来。

第二节　元宇宙的盛况

2021年3月，著名的游戏开发平台Roblox在自己的上市招股书中大胆使用了"metaverse"一词，宣告了一种新的数字媒介创造理念的诞生。该公司上市首日市值即突破400亿美元，引发"元宇宙"概念的热潮，带动了DeFi（去中心化金融）、IPFS（星际文件系统）、NFT（非同质化通证）、虚拟地产飞速发展。

2021年10月，为了抢占下一代主流的超级社交媒体位置，Facebook宣布将公司名称改为"Meta"。Facebook的创始人兼CEO马克·扎克伯格（Mark Zuckerberg）认为，元宇宙是移动互联网的继任者，那将会是一个永续的、实时的且无准入限制的环境，用户能够通过各种不同的设备进入元宇宙。他认为："在那里，你不只是观看内容，你整个人还身在其中。"

Roblox联合创始人及CEO大卫·巴斯祖基（David Baszucki）认为，元宇宙是一个人们可以花大量时间工作、学习和娱乐的虚拟空间。他认为："将来，Roblox的用户不仅能够在平台上读到关于古罗马的书籍，还可以参观在元宇宙中重建的历史名城，在城里闲逛。"到了2022年，元宇宙风暴越刮越猛，高通公司设立了1亿美元的骁龙元宇宙基金，苹果公司也进行元宇宙开发投资。

在学术和教育领域，"元宇宙课堂"的出现指日可待。哈佛大学称正在开发理论上可以让世界各地的人沉浸其中的共享课程；2021年6月毕业季，中国传媒大学的学生利用可以无限扩展边界的沙盒游戏《我的世界》（*Minecraft*），将校园全景"搬"入元宇宙，并在网上举办了"云毕业"典礼；2022年3月，华东师范大学举办了"认识元宇宙：文化、社会与人类的未来"研讨会，在哔哩哔哩直播间里，几十万人围观了这一学术盛宴。

预计在未来三年内，元宇宙相关设备——VR设备、AR（Augmented Reality，增强现实）设备、MR设备、XR设备——的销量将大幅增长，因为这是用户进入元宇宙的"入口"。

在这个阶段，元宇宙理念的落地应用毫无悬念是VR和AR的应用。这两个领域已经有10多年的产业积累，产品比较成熟，光学技术的进步基本解决了使用者在使用设备时产生眩晕感等问题。与这些设备相关的内容在多年积累之后逐渐丰富，与之前的VR短片相比，带有明显元宇宙色彩的大型游戏等产品引爆市场的概率大了很多。

Meta旗下的VR眼镜Quest 2销量超过1 000万台就是一个标志性事件。这不仅说明VR的用户体验获得了广泛认可，也说明VR能够驱动产业链快速发展。传统消费电子巨头进军VR产业无疑会加快产业发展。实际上，三星这样的消费电子巨头早已经有了一系列比较成熟的VR产品。苹果公司首款头戴式"空间计算"显示设备Vision Pro（视界专业版）于2024年2月上市，引起热议。。

因此，从元宇宙的应用上看，业内多位专家认为，VR、AR眼镜销量大幅增长是元宇宙热度迅速提升的最大推动力。

2021年12月,"元宇宙"入选《柯林斯词典》编辑部发布的"2021年度热词";12月6日,"元宇宙"入选国家语言资源监测与研究中心发布的"2021年度十大网络用语";12月8日,"元宇宙"入选《咬文嚼字》编辑部发布的"2021年度十大流行语";12月31日,"元宇宙"入选《中国新闻周刊》公布的"2021年度十大热词"。

2022年10月,"元宇宙"一词在《牛津词典》2022年度词汇评选的公众投票中获得亚军。"元宇宙"成为2022年最热门的金融科技流行语之一,投资者花费数百万美元在元宇宙中购买虚拟房地产。

2023年10月,Meta开始发售第三代VR头戴式显示器(以下简称"头显")Quest 3,其性能在Quest 2的基础上大幅提升。与Quest 2相比,Quest 3的视觉分辨率提升了30%,音频范围扩大了40%,设备更薄且重量分布更平衡,舒适度更高;提供全彩色、高保真的环境视图,支持准确的深度投影和空间映射,使用户能在物理空间中自由移动并与虚拟物体互动;集成立体声扬声器,支持3D空间音频,音量范围大40%,具备更好的低音效果和左右声道匹配能力。

据智研咨询发布的《2024年全球及中国元宇宙市场现状及未来趋势报告》可知,2023年全球元宇宙市场规模达924.6亿美元,同比增长35.0%。中国元宇宙产业规模增长至766.3亿元,元宇宙正成为数字经济高质量发展的新引擎。

但元宇宙的普及率在很大程度上取决于购买VR头显设备的人数。在美国,目前大约20%的人拥有VR头显设备。

第三节　元宇宙的发展史

一、从计算机到互联网

不管怎么定义，从实质上看，元宇宙的发展史（尤其是有关元宇宙落地应用的历史）与人工智能、AR和VR等密切相关，追溯元宇宙的历史，还要从图灵开始。

1946年，计算机被发明出来，这标志着人类社会开始进入信息时代。第一台通用计算机ENIAC[①]是由美国军方出资研究、制造的，有30吨重，内装约18 000个电子管。它庞大的身躯占地面积约170平方米。

1950年，英国著名计算机科学家图灵提出了著名的"图灵测试"。由于当时还没有"人工智能"的概念，人们难以准确地定义"智能"。图灵便提出了一个设想，也就是"图灵测试"：在一间屋子里有两个被测试者，分别是一台计算机A和一个人B，另一个人C作为测试者在隔壁屋子里。测试者和被测试

---

① ENIAC（Electronic Numerical Integrator And Computer，电子数字积分计算机）是完全的电子计算机，能够重新编程，解决各种计算问题。

第一章
元宇宙前史

者在相互隔开的情况下,只能通过一些装置(比如键盘)进行交谈;测试者C需要判断每回合和自己交谈的是人还是计算机。如果计算机在问答的过程中让测试者误判的比率超过30%,它就算通过了"图灵测试"。如果一台计算机通过了"图灵测试",那它就可以被认为是具有人类的智能了。图灵预言,这样的计算机将在2000年出现。

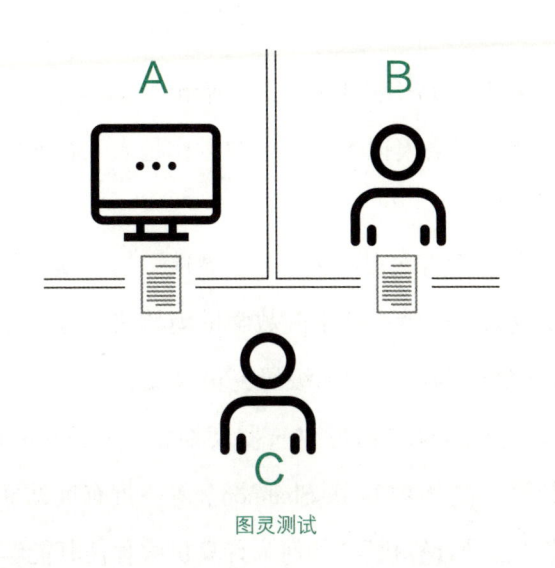

1912年,图灵出生于英国伦敦。他在少年时就表现出独特的直觉创造能力和对数学的爱好,之后考入剑桥大学,毕业后留校任教。1936年,他进入美国普林斯顿大学深造,1938年获博士学位。图灵从1935年开始研究数学逻辑,1938年发表著名论文《论可计算数及其在判定问题上的应用》。他在这篇文章中提出了图灵机的概念,推进了计算机理论的发展。图灵是密码学的创始人之一。1945年,图灵到英国国家物理实验室工作,并开始设计自动计算机。1950年,图灵发表了论文《计算机能思考吗?》,设计了"图灵测验",通过问答来测试计算机是否具有与人相等的智力。1951年,他被选为英国皇家学会会员。

图灵测试

图灵的结局令人唏嘘不已。他因为被指控犯"明显的猥亵和性颠倒行为"罪,身心备受折磨。1954年6月7日,他啃食了浸染过氰化物溶液的苹果自杀。有种说法认为,苹果的商标(logo)就是图灵啃过的那只苹果。

图灵是人工智能的先驱，但他在世时"人工智能"一词还未出现，因此人们一般不称他为"人工智能之父"。1966年，计算机科学的最高奖被命名为"图灵奖"，相当于这个领域的诺贝尔奖。2013年底，在图灵逝世59年之后，英国女王签署了对图灵的皇家赦免令。图灵在第二次世界大战中做出的卓越贡献和在科学界留下的遗产被后人铭记和认可。

1951年，一位名叫马文·明斯基（Marvin Minsky）的哈佛大学毕业生，与同学一起建造了世界上第一台神经网络模拟器，这也被看作是人工智能发展的一个重要节点。

1956年8月，达特茅斯会议的与会者首次提出了"人工智能"这一术语，是公认的人工智能的起源。这年夏天，达特茅斯学院数学助理教授约翰·麦卡锡（John McCarthy）、哈佛大学数学与神经学初级研究员马文·明斯基、IBM（国际商业机器公司）信息研究经理纳撒尼尔·罗切斯特（Nathaniel Rochester）、信息论的创始人克劳德·香农（Claude Shannon）等一批有远见卓识的年轻人聚集在一起，围绕着"自动计算机""如何为计算机编程使其能够使用语言""神经网络""计算规模理论"等一系列对于当时的世人而言完全陌生的话题，共同进行探讨和研究。这标志着"人工智能"这门新兴学科的正式诞生。

在达特茅斯会议结束后不久的1958年，马文·明斯基从哈佛大学转至麻省理工学院（MIT），约翰·麦卡锡也由达特茅斯学院来到MIT与马文·明斯基会合。次年，志趣相投的两人就一同创立了MIT人工智能计划（随后成了人工智能实验室），正式开始了在人工智能领域的探索。在这里，马文·明斯基力图探索如何赋予一台机器以人类的感知和智力，创造出了可以操控物品的"机械手",探讨了大量关于人工智能的哲学问题,撰写了包括《感知器》《情感机器》在内的诸多人工智能领域的开拓性书籍,并于1969年成为第一个因为人工智能领域成果而获得图灵奖的计算机科学家。2003年,人工智能实验室和MIT计算机科学实验室合并成了计算机科学与人工智能实验室(Computer Science and Artificial Intelligence Laboratory,CSAIL)。CSAIL中产生了很多公司,包括多家著名

马文·明斯基与搭积木的"机械手"

的信息技术公司,如波士顿动力、阿梅卡(Ameca)机器人、Akamai(阿卡迈)和Dropbox(多宝箱)等,前两家公司都在2013年被谷歌收购。

"人工智能之父"马文·明斯基的一生可以这样概括:最早联合提出了"人工智能"的概念;联合创办了世界上第一个人工智能实验室——MIT人工智能实验室;成为首位获得图灵奖的人工智能学者;提出AR和VR的概念,是虚拟现实最早的倡导者;成立世界上第一家机器人公司,并担任董事长;影响了阿西莫夫提出的机器人学三定律。

1969年,互联网在美国加州大学洛杉矶分校(UCLA)诞生。关于互联网诞生的具体日期,有两大派别:"9月2日派"认为克兰罗克教授实现了两部计

算机连接，阿帕网由此诞生，这标志着互联网出现；"10月29日派"则强调只有两台主机之间实现了通信，才算是互联网的真正"生日"。

互联网起源于阿帕网，位于阿帕网的第一节点与位于斯坦福研究院（SRI）的第二节点连通，实现了分组交换网络的远程通信。这才是互联网正式诞生的标志，当时的准确时间是1969年10月29日22点30分。

1991年8月6日，蒂姆·伯纳斯-李（Tim Berners-Lee）在万维网（World Wide Web，WWW）上发布了第一个公开的合作邀请，这一天被认为是万维网的诞生日。蒂姆·伯纳斯-李也因此被称为"万维网之父"

蒂姆·伯纳斯-李在2012年伦敦奥运会开幕式上精彩亮相，并打出了"THIS IS FOR EVERYONE"（这是献给所有人的）。蒂姆·伯纳斯-李没有凭借万维网索要任何专利费，就将万维网贡献给了全人类！

二、元宇宙的诞生

1992年，科幻作家尼尔·斯蒂芬森创作的《雪崩》出版，其中创造了"元宇宙"一词。在这部小说中，人类的化身在一个三维虚拟空间中与他人的化身和非玩家控制角色（NPC）进行交互，该空间映射了存在于现实世界中的许多场景。

1993，"工作量证明"的概念首次被提出，用于对抗网络上的垃圾邮件和拒绝服务攻击。后来，工作量证明成为验证和合法化区块链交易的主要技术之一，特别是基于算力的虚拟货币"挖掘"。

1997年，IBM的超级计算机"深蓝"战胜了当时的国际象棋冠军加里·卡斯帕罗夫（Garry Kasparov），这件事轰动世界。虽然这还不能证明人工智能可以像人一样思考，但可以证明人工智能在特定领域的推算及信息处理能力比人类更强。在人工智能发展史上，这是人工智能首次"战胜"人类。

1998，一位华裔计算机工程师戴伟（Wei Dai）透露了他对B-Money（B钱）的设想，这是一种去中心化的分布式加密货币。它从未实现过，但其中一些概念与多年后出现的比特币中的一些概念非常相似。其中包括使用权益证明（Proof of Stake，PoS），这是一种替代挖掘算法，依赖于开发人员当前持有的加密货币，而不是原始的算力。

2002年，数字孪生（物理对象的数字对应物）的概念和模型由美国密歇根大学教授迈克尔·格里夫斯（Michael Grieves）在制造工程师协会会议上公开介绍。他提出将数字孪生模型作为产品生命周期管理的概念模型。

2003年，菲利普·罗斯代尔（Philip Rosedale）和他的林登实验室（Linden Lab）团队开发了《第二人生》(Second Life)在线虚拟互动平台。这是一个在线虚拟世界，它被认为是元宇宙的先驱。《第二人生》在线虚拟互动平台的用户面临的最大问题之一是由于网络带宽不足导致的卡顿和低帧率，这使其体验不太理想。但即使在今天，《第二人生》在线虚拟互动平台仍拥有不少活跃用户，这些用户平均每天在这个虚拟世界中花费超过四小时。

2006年，Roblox引入了《第二人生》在线虚拟互动平台，允许用户创建和玩其他用户开发的游戏。在2020年疫情大流行期间，Roblox成为年轻人互动的重要平台，《第二人生》成为当年收入第三高的游戏。

2009年1月3日，比特币网络诞生，其神秘创始人中本聪（Satoshi Nakamoto）"挖掘"了比特币的创世区块（0号区块），获得了50个比特币的奖励。这是比特币诞生的日子。

比特币概念图

  2009年1月9日,序号为1的区块出现了,并与序号为0的创世区块相连接形成了链,这标志区块链诞生了。

  2014年,以太坊发行的结合智能合约的以太币预售。区块链已经利用链式数据结构验证与存储数据,利用分布式节点共识算法生成和更新数据,利用密码学的研究成果保证数据传输和访问的安全性,利用自动化脚本代码组成智能合约,这是编程和操作数据的全新的分布式基础架构与计算范式。

  2014,时年20岁的维塔利克·布特林(Vitalik Buterin)获得了蒂尔奖学金的资助,这笔资助说来话长。2000年,彼得·蒂尔(Peter Thiel)创办的公司Confinity(康菲尼迪)与埃隆·马斯克(Elon Musk)创办的X.com公司合并,组成了全球在线支付平台PayPal(贝宝)。2002年,eBay(易趣)以15

亿美元的价格收购了PayPal，这让埃隆·马斯克和彼得·蒂尔都变得非常富有。2010年，彼得·蒂尔宣布成立蒂尔奖学金（Thiel Fellowship），为22岁以下的学生提供100 000美元的资助，以帮助他们离开学校并从事其他工作。

2015年7月，维塔利克·布特林和加文·伍德（Gavin Wood）推出了以太坊网络以及以太坊区块链。

2015年，虚拟现实平台Decentraland（分布式大陆）推出第一次迭代，通过工作量证明算法分配虚拟空间中的"土地"。

自2015年以太坊区块链推出以来，智能合约就被更具体地应用在区块链或分布式账本上进行的通用计算。"智能合约"这个概念是20世纪90年代初由尼克·萨博（Nick Szabo）首次提出的。他创造了该术语指代"以数字形式指定的一组承诺，包括各方在其中履行这些承诺的协议"。

2016年，谷歌的围棋人工智能"阿尔法狗"（AlphaGo）以4比1的成绩战胜世界围棋冠军李世石，这场人机大战成为人工智能史上一座新的里程碑。

2016年，第一款将虚拟世界叠加到现实世界的游戏《宝可梦GO》（*Pokémon Go*）上线。在这款游戏中，玩家可以使用带有GPS的移动设备来定位、捕获、训练虚拟生物宝可梦，并将宝可梦用于战斗和交换。这让玩家感觉像是在现实世界中一样。

2016年5月，The DAO（Decentralized Autonomous Organization，去中心化自治组织）通过众筹以太币募集投资资金，创下了当时历史上规模最大的众筹活动纪录。The DAO旨在成为一种在以太坊区块链上创建的另类风险投资基金，作为一种去中心化的融资模式。2016年6月，"黑客"利用了The DAO代码中的一个漏洞，将The DAO三分之一的资金转移到一个附属账户中，这导致The DAO破产了。

但是去中心化自治组织的概念继续存在，后来者吸取了The DAO的经验教训。展望未来，每个DAO都将成为未来元宇宙中公司的重要组成部分，这些公司由组织的参与者共同管理，规则和金融交易信息被记录在区块链上。例如DAO是围绕NFT的共同所有权形成的。

2017年，多人视频游戏《堡垒之夜》（*Fortnite*）在发布后取得了巨大成功，它向许多人介绍了元宇宙和加密货币的概念，并让用户体验了元宇宙和加密货币。《堡垒之夜》的用户总数约为3.5亿。

2018年，稳定币（Stablecoin）为动荡的加密货币世界添加了一个新的元素。与不锚定任何法定货币或仅锚定其他加密货币的加密货币相比，稳定币Dai与美元挂钩，使其波动性大大降低。对于去中心化金融（DeFi）而言，加密货币更加可靠。现在，许多用于加密货币借贷和投资的平台可以使用基于区块链的银行服务。目前，它们在很大程度上不受传统机构的监管，而且在大多数情况下，用户似乎很喜欢用稳定币交易。

2018年，来自以色列的代币发行平台Bancor（班柯）被黑客攻击，共计损失1 350万美元，网络货币交易所因此遭受了重大的公关危机。尽管网络货币交易的法律和监管基础仍然有许多不确定性，但去中心化交易所（DEX）仍然是人们基于智能合约，而不是通过中心化交易所交易他们的网络货币资产的一种方式。

2018年，NFT虚拟现实游戏《轴心无限》（*Axie Infinity*）成为热门游戏，这是一款数字宠物世界形式的去中心化游戏。

2020年初，新冠肺炎疫情在全球暴发，世界各地的人们发现自己被隔离了。很多年轻人除了游戏以外，几乎没有可以投入时间和精力的选择。因此，元宇宙很快成为越来越多的游戏玩家和那些想在网络世界赚钱的人的首选之地。

元宇宙已经呈现出一种与现实世界不同的基调。这让一部分人沉浸于元宇宙的"地下经济"和"地下世界",从而让元宇宙迎来了爆发性增长的"完美风暴"。

2020年,在六大区块链通证平台上,通证价值已超过20亿美元。随着开源、"透明"的应用程序不断涌现,支持游戏、DEX、DeFi和其他用途,减少中间环节的行动仍在继续。

虽然许多人将去中心化应用程序(DApp)称为新兴趋势,但第一个DApp实际上是10多年前的比特币应用程序。

2020年4月,说唱歌手特拉维斯·斯科特(Travis Scott)在《堡垒之夜》中举办演唱会,最终共有2 770万人观看了这场演唱会。

2020年4月,公链项目Solana(索拉纳)推出了区块链DApp。与以太坊不同的是,这个DApp的加密货币被称为SOL币,是基于替代权益证明算法开采的。此外,Solana澄清和简化了与区块所有权相关的问题,使用一种称为"历史证明"的新共识工具,将时间戳插入其区块链中。

2020年,广受欢迎的太空探索游戏《外星世界》(*Alien Worlds*)发布。这个DApp是使用多元宇宙星际场景创建的,让角色在分散的自治组织中进行交互,以"挖掘"代币并执行其他任务。

2021年,《外星世界》拥有超过250万用户,但其意义远不止于此——该游戏围绕重要课程构建,旨在向人们教授加密货币和"挖掘"加密货币的原理。

三、元宇宙揭幕

2021年3月,美国沙盒游戏平台Roblox在纳斯达克上市后股价大涨,被称为"元宇宙第一股";同年10月,Facebook更名Meta(元宇宙),揭开元宇宙的大幕。

因此,2021年被认定为元宇宙元年。

2022年6月16日,"2022上海全球投资促进大会"在上海举行。大会发布报告预计,到2025年,上海市元宇宙产业规模突破3 500亿元、绿色低碳产业规模力争突破5 000亿元、智能终端产业规模突破7 000亿元。

西门子(Siemens)和英伟达(Nvidia)在2022年6月29日宣布了一项合作,旨在推动工业元宇宙的发展。这项合作建立在英伟达的Omniverse(全能宇宙)协作工程环境和西门子面向航空航天、医疗保健、制造、汽车和能源行业的数字孪生工具综合平台之上。通过这次合作,两家公司计划将西门子开放的数字化业务平台Xcelerator(无限可能加速器)与英伟达的3D设计和协作平台Omniverse连接。这将实现一个工业元宇宙,其中包含西门子提供的基于物理的数字模型和英伟达提供的实时人工智能,使企业能够更快、更有信心地做出决策。

截至2022年6月30日,全国已有超20个地方政府发布了约50项明确支持元宇宙产业的政策,有些地方甚至出台两项以上政策。在这条"新赛道"上,厦门计划打造"元宇宙样板生态城市",南京要争创全球一流数字经济名城,武汉要打造"全国数字经济第一城"……

创生柱(北京)科技有限公司(以下简称"创生柱科技")是一家专注于前沿科技创新与发展的高科技企业。创生柱科技深耕元宇宙、人工智能

（AI）、Web3.0（第三代万维网）等前沿领域，致力于科技软件、硬件产品的原创设计、技术研发、技术服务，以及元宇宙、Web3.0数智资本与创生经济、数字经济新商业模式的设计与创新整合营销服务。创生柱科技拥有一支精英汇聚、优势互补的核心团队，涵盖技术研发、产品设计、市场营销、运营管理等多个领域的专业人才。技术研发团队由资深科学家和工程师组成，在人工智能、元宇宙、Web3.0等技术领域拥有深厚的造诣和丰富的实践经验，不断推动公司技术的创新和突破。

创生柱科技原创设计了多款具有自主知识产权的创新产品，如创生柱AI眼镜、Creator-Web3.0（造物主-第三代万维网）元宇宙数字经济平台、CreatorAI OS（人工智能造物主操作系统）全息宇宙计算机操作系统及CreatorAI（人工智能造物主）元宇宙编辑器等，这些产品广泛应用于娱乐、教育、医疗、游戏开发、建筑设计、影视制作等多个领域，为用户带来前所未有的科技体验。创生柱科技以前沿的视角敏锐洞察科技发展的趋势，率先在元宇宙、AI等前沿领域进行前瞻性布局，致力于成为全球科技发展的引领者和开拓者。

创生柱科技凭借引领时代的勇气和智慧，精心绘制出一幅震撼人心的科技宏伟蓝图。创生柱科技深受高维宇宙理念的启迪和伏羲女娲创世精神的引领，勇敢地探索未知领域，坚持不懈地突破与创新，注重团队合作与共赢，善于激发团队积极性和创造力，共同创造价值。创生柱科技致力于融合前沿技术，持续创新并不断突破，为用户带来前所未有的科技体验，推动社会朝着更加智能、高效和可持续的方向发展。携手共同构建一个充满创新活力的未来世界，是创生柱科技不变的使命和追求。创生柱科技将秉持创新精神，勇往直前地在星际文明创想空间中不懈探索，为推动科技进步和社会发展贡献源源不断的力量。创生柱科技将以更加开放的心态和更加坚定的步伐，迎接未来的挑战与机遇，全力缔造辉煌的未来。

2022年6月，首个元宇宙国际标准联盟正式宣告成立，该联盟被命名为"元宇宙标准论坛"（Metaverse Standards Forum），由全球数十家科技行业巨头组成，包括华为、阿里巴巴达摩院在内的中国创始成员，以及Meta、微软、英伟达等美国企业。该组织希望为元宇宙建立起兼容操作性标准。

2023年8月，工业和信息化部、教育部、文化和旅游部、国务院国资委、广电总局联合印发了《元宇宙产业创新发展三年行动计划（2023—2025年）》。该计划旨在推动元宇宙技术、产业、应用和治理的突破，目标是到2025年，元宇宙成为数字经济的重要增长极，产业规模壮大、布局合理、技术体系完善，产业技术基础支撑能力进一步夯实，综合实力达到世界先进水平。

2023年12月，中国元宇宙产业规模约为425亿元，元宇宙上下游产业产值超过4 000亿元，中国元宇宙相关专利申请数量占全球近30%，位列世界第二，这充分说明元宇宙相关技术发展的活跃度。元宇宙行业应用逐步展开，在电子游戏、网络社交、文化旅游、工业生产、医疗健康等多个领域取得阶段性进展。

2024年1月，苹果发布首款MR头显设备Vision Pro（视觉专业版），这可能是推动元宇宙行业发展的重要硬件产品。

2024年8月，《2024胡润中国元宇宙潜力企业榜》发布，其中列出了企业价值在10亿美元以上、元宇宙领域最具发展潜力的中国企业。华为位居榜首，在元宇宙领域展现了强劲的发展潜力和技术创新能力。阿里巴巴和百度分列第二名和第三名。

第二章
元宇宙与行业融合

元宇宙是一个包罗万象的宏大空间，有超乎想象的巨大发展空间。虽然还有点儿魔幻色彩，但元宇宙现在已经来到了我们身边，并且在一些领域得到了不同程度的应用。

"元宇宙"体现在多个核心维度（指标）上，包括算力、响应速度、逼真性、沉浸性、互动性、用户自主性、数字财产保护、数字货币支付等。不同公司在这些维度上的强弱不同（0~100）或有所侧重（1%~100%），但它们都可以是元宇宙公司。因此，"元宇宙率"（Metaverse Ratio）可以被用于衡量不同公司在元宇宙领域的发展程度。这个观点是腾讯和复旦大学新闻学院共同发布的《2021—2022元宇宙年度报告》中提出的。

从广义上说，岩洞壁画、敦煌壁画、口语故事、文字、戏剧、2D和3D游戏等都可以算是元宇宙相关的技术，只不过它们的元宇宙率不同而已。完全的元宇宙像是一条总在不断退后的地平线，我们可以在多个维度上不断接近它，但永远无法完全到达。

元宇宙是现实世界的延伸，而不是现实世界的替代品。它将深刻地影响我们对时间、空间、真实、身体、关系、伦理、工作、学习、教育等的认知。

第一节 元宇宙中的沉浸式游戏体验

一、人、游戏和元宇宙

"Link start."（"连接开始。"）这句话出自日本轻小说家川原砾的作品《刀剑神域》，是作品的主角戴上外设（类似于VR设备）进入游戏世界之时说出的台词。

那么，谁和谁连接？答案是游戏和元宇宙。

纵观元宇宙的发展史，我们会发现游戏与元宇宙密不可分。有部分研究者认为，1974年美国TSR公司推出的角色扮演桌游《龙与地下城》，才是我们今天所说的元宇宙的发端。

近年来，《头号玩家》等电影陆续上映，这些科幻影视作品向我们传达了一个概念：游戏的终极形态指向元宇宙。

值得注意的是，"游戏"这个概念同样也被广泛应用于学前教育领域。奥地利精神分析学家弗洛伊德认为：游戏是自我调节本我与超我矛盾的机制，是完善儿童人格的途径。

我国在2022年发布的《幼儿园保育教育质量评估指南》中也指出：尊重

幼儿年龄特点和成长规律……以游戏为基本活动，有效促进幼儿身心健康发展。

类似的例子还有很多。我们可以从中发现一个有趣的现象：人、游戏和元宇宙三者关联起来了。

```
              人
             / \
            /   \
           /     \
       元宇宙 ——— 游戏
```

人、游戏和元宇宙三者的关系

人是介入游戏的主体，游戏是人赖以生存的基础之一。

德国启蒙文学的代表人物席勒说过："只有当人在充分意义上是人的时候，他才会游戏；只有当人游戏的时候，他才是完整的人。"

因此，与其说"万物皆可元宇宙"，不如说"万物皆可游戏"。

"游戏"甚至可以被称为文明的"胚胎"。由此，我们也可以推断，"文明"也是元宇宙的特征之一。元宇宙是一种"虚拟文明"。这里就不进行过多阐述了。

回到前面提到的"Link start."，在探讨元宇宙对游戏娱乐行业的影响时，我们只需要梳理清楚游戏和元宇宙两者的"连接"关系就可以了。

需要注意的是，这里的"游戏"与前文提及的广义上的"游戏"不同，而是具有商业行为和性质的游戏。我们也要意识到，"连接"的影响远不只是产业链增加和延伸等所带来的经济效益这么简单。

二、从庄周梦蝶到玩家化身

提及"元宇宙"，大部分人都会觉得既陌生又熟悉，其实它就是我们以前所说的"虚拟世界"。

将虚拟世界和现实世界交融，这种憧憬是人类古已有之的浪漫想象。和如今科技力量支撑的"元宇宙"不同，古人发挥自己瑰丽的想象力，将虚拟世界呈现于八大艺术之中。

战国的庄周梦蝶，唐朝的南柯一梦，及《山海经》、北欧神话、希腊神话等，都是人类充分运用丰富的想象力，在脑海中构建虚拟世界，并将其描述出来。

如今大家比较熟知的《黑客帝国》《头号玩家》等具有元宇宙色彩的影视作品，就是20世纪80年代的"赛博朋克"。

因此，我们现在所说的"元宇宙"早已诞生于数千年前，现在只不过靠着科技的力量，以另一种称谓出现在我们的视野中。

1958年，集成电路问世。计算机被它从实验室中解放了出来，开始慢慢走进人们的日常生活。随着互联网技术的不断发展，玩家坐在计算机前就可以和远在千里之外的网友进行交流互动。"第九艺术"游戏的出现为"元宇宙"的问世做好了铺垫。

在相关技术支持下，游戏娱乐行业中的"虚拟世界"从早期的MUD（Multiple User Domain，基于文本的角色扮演游戏）演变成了MMORPG

（Massive Multiplayer Online Role-Playing Game，大型多人在线角色扮演游戏）。这一发展趋势也是为了满足人的需求，就像现在各方大力发展元宇宙也是为了满足人的需求。

在MUD中，虽然依靠文字传达的信息可以调动玩家的想象力，而且不同玩家会因对游戏文本有不同理解而拥有不同的游戏体验，但这并不能完全满足人的需求。

大家可以思考一个问题：是"画"出现得早还是"文字"出现得早？

早在原始社会，出现在石头、甲骨上的图案就已经预示了人对图形的需求早于对文字的需求，就像刺激婴儿大脑的是外界光怪陆离的画面和声音。

这源于人类对感官刺激的追求，而这种追求是游戏发展和元宇宙发展的直接动力。

人类对"更好的游戏体验"的需求，加快了文本游戏没落的速度，图形游戏取而代之。

元宇宙作为"游戏的最终形态"，人们对它的渴求，并非停留在想象和文本中。人们需要的是一个可以身临其境的虚拟空间，是一个能给予感官刺激的元宇宙。这就像电影放映技术从2D升级为3D。

无论是MUD还是MMORPG，游戏里面的角色机制，是游戏开发者希望玩家以这个世界中的角色形象进行沉浸式探索的方式。在使用如生命值、体力值、攻击力、防御力等指标来描述角色形象的同时，为了更好地诠释角色机制所对应的角色形象，游戏开发者往往会加入具体的动作机制、行为机制，让玩家可以更好地实现自己的主观意愿。那么，与其说是玩家在扮演角色，通过操控角色来进行玩家间的实时互动、探索游戏世界，不如说这些角色其实是玩家的"Avatar"。

提到"Avatar",大家可能第一时间想到的是著名导演詹姆斯·卡梅隆执导的《阿凡达》,其实它还有别的译名——化身、神之化身。这也是为什么影片里的纳威人拥有蓝色的皮肤,因为"Avatar"源自梵文,而按照印度宗教的观点,很多神的皮肤是蓝色的。

游戏角色作为玩家的化身,使玩家获得第一视角的沉浸感,这就是为什么现实中的孩子玩起游戏就进入"两耳不闻窗外事,叫他吃饭没反应"的状态了。因为他通过这种"游戏"方式,将虚拟世界与现实世界的距离拉近了。说得"高大上"点,这就是虚拟世界开始"影响"现实世界了。

因此,我们得到了游戏的另一个要素——"沉浸感"。就像前文提到的电影放映技术从2D升级为3D,人类对"游戏"中的"沉浸感"的迫切需求,促进了一系列科技发展。当然,"沉浸感"持续提升也得益于科技的发展,两者有一定的相互性。这些技术不断"外溢"逐渐使游戏中"虚拟世界"的概念越发趋向元宇宙,这就是元宇宙是游戏的终极形态的原因,因为游戏在"孵化"元宇宙。

三、元宇宙的底层技术——游戏引擎

被元宇宙催生的各种新技术也形成了一系列产业链,这些产业链不仅仅是戴上一副3D眼镜就能欣赏3D电影这么简单。

因为这些技术是切切实实可以带来庞大收益的,就现阶段而言,元宇宙相关的很多应用都是非常实用的。云赛智联股份有限公司副总经理赵海鸿说:"任何人都有自己理解的元宇宙,尤其是在'后疫情时代',很多创新其实是在数字空间中进行的。对传统行业和现实世界进行建模、提取特征,并应用于软件之中,最终通过操作调整数字空间、优化现实世界。从这个角度讲,其实元宇宙也很实用,它应是实体经济的一部分。"

电子游戏作为一种虚拟世界体验的载体,需要技术能够同时支持虚拟世界本身的逼真程度和玩家主观意愿的能动性。技术的先进程度直接决定了玩家在电子游戏中体验的"沉浸感"。

20世纪90年代初期,为了满足玩家对"沉浸感"的进一步渴求(存在需求),当时的计算机图形学和算力迅速发展(出现市场),出现了3D图形界面,各大游戏公司在原有的个人计算机平面游戏中引入了三维空间的坐标。这促使游戏引擎从早期游戏开发的附属品慢慢转变为当家角色。对于一款游戏来说,能实现什么样的效果,在很大程度上取决于使用的游戏引擎的性能。

如今的游戏引擎经过长足发展,已经涵盖三维图像、碰撞检测、音效、人工智能等游戏中的各个组件,其创造的经济价值更是不菲。以近年最成功的虚幻引擎5(Unreal Engine5)为例,其全部授权费用(不包括售后技术服务)高达几十万甚至上百万美元。当然,采购方可以分别购买相关组件,降低授权费用。

回到20世纪90年代初期,虽然当初的游戏引擎仅仅是3D图形引擎,但它就像一颗石子,使原本平静的湖面泛起阵阵涟漪,引导那个时代的"新生力量"——当时大部分天才设计师都还是年轻人——探索游戏中的立体世界,使"游戏"更加接近现实世界。这正如我们现在在摸索中不断完善元宇宙一样。

四、从游戏引擎到元引擎

虽然落后的硬件——如今我们在元宇宙中也面临相似的难题——限制了第一款商业化的"真"3D游戏《地下创世纪》(*Underground Genesis*)对3D技术进一步发掘,但其还是成为沉浸式模拟游戏的先行者。它还使以游戏名命名游戏引擎的这一行为变成了行业惯例。这种"第一个吃螃蟹"的尝试本身就是有划时代意义的,影响了往后的众多游戏作品。

在有了开拓者之后,一个行业中众多的参与者必然有天才,其中就包括约翰·卡马克(John Carmack)。这个天才游戏引擎设计师带领着他创办的公司id Software(id软件)的团队,使"游戏"在通向元宇宙的路上前进了一大步,还为原本自产自用的工具游戏引擎打开了收取授权费的新市场。

1. 1992年,《德军总部3D》(*Wolfenstein 3D*)

《德军总部3D》游戏引擎将约翰·卡马克早在1990年就已经实现的滚动条类游戏背景的流畅效果利用到了极致,让普通用户第一次在个人计算机上体验了模拟真实的世界。

不过,《德军总部3D》游戏引擎在本质上仍然是二维的,因此其在技术层面还比不上《地下创世纪》游戏引擎。

2. 1993年,《毁灭战士》(*DOOM*)

《毁灭战士》游戏引擎在技术上大大超越了《德军总部3D》游戏引擎,勾画出了此前计算机显示器上从来没有出现过的逼真场景,让玩家相信他就在《毁灭战士》的世界中。

虽然《毁灭战士》游戏引擎在本质上还是二维的,但是其支持立体声音效、游戏光照不再单一等效果。在3D显卡都没问世的1993年,这无疑是超前的杰作。同时,《毁灭战士》是第一款支持连线的游戏,其游戏引擎也是第一款用于商业授权的游戏引擎。

3. 1996年,《雷神之锤》(Quake)

《毁灭战士》游戏引擎是将拥有高度信息的二维地图渲染成3D图像的伪3D游戏引擎,《雷神之锤》用的则是如假包换的3D游戏引擎,让计算机第一次在游戏中显示真正的三维世界,大大提高了游戏的逼真性。《雷神之锤》首先支持了3D加速卡(后来的显卡)。有意思的是,如果不是当时3dfx公司已经研发出了第一款3D加速芯片Voodoo(巫毒),《雷神之锤》可能会遇到当初《地下创世纪》一般的窘境。

4. 1997年,《雷神之锤Ⅱ》(Quake Ⅱ)

和近几年来iPhone(苹果手机)挤牙膏式的更新换代不同,20世纪90年代的id软件持续不断地提升3D游戏的标准。《雷神之锤Ⅱ》游戏引擎添加了256色材质贴图,首次实现了光线色彩动态化,人们第一次在自己电脑上看到同一个物体在动态效果下的不同颜色。

在1997年,3D加速卡已经兴起。《雷神之锤Ⅱ》游戏引擎首先支持OpenGL标准和完全3D加速,后来基于《雷神之锤Ⅱ》游戏引擎开发的《半条命》(Half-life)、《反恐精英》(Counter-Strike)、《胜利之日》(Day Of Defeat)都大红大紫。

5. 1999年,《雷神之锤Ⅲ》(Quake Ⅲ)

《雷神之锤Ⅲ》游戏引擎脱离了《雷神之锤Ⅱ》的骨架动画代之以3D像素动画,增加了对32位材质的支持,还直接支持高细节模型和动态光影。同时,该游戏引擎十分注重地图的光影特效。从此,个人计算机上可以逼真地渲染出3D画面了。

同年，开发了虚幻引擎5的Epic（史诗）公司发布的《虚幻竞技场》在销量上超过了《雷神之锤Ⅲ》，Epic公司也从此超越了自己的"偶像"id软件，迈入了属于自己的时代。

2000年之后的id软件已经没什么故事可以说了，2004年发布的《毁灭战士3》（*Doom 3*）可以算是约翰·卡马克的谢幕之作。有人说他江郎才尽，实际上他已经燃尽了自己的能量，完成了自己的历史任务，把接力棒交给其他人了。正是因为有如此优秀的前辈设计师，使游戏引擎行业如此"内卷"，促成了元宇宙的出现。

作为游戏界的"乔布斯"，约翰·卡马克开创了3D游戏引擎、网络客户端侦测代码、可扩展的游戏代码、比牛顿迭代法快上四倍的平方根倒数速算法，以及用他的名字命名的"卡马克卷轴"技术等顶级技术。诚然，这些技术为相关行业带来了无比丰厚的利润，但这些跨时代技术的诞生既不是因为这些商机，也不是因为利益。

如果是利益使然，那么当年在美国得克萨斯州id软件办公大楼下的停车场里停泊着的13辆法拉利跑车，就不会在每一个深夜孤独地等待自己的主人了。

这家当初仅13人的公司在1995的净利润就高达1 500万美元。他们其实早就可以"躺平"了，但他们从来没有因为自己成了百万富翁、成了所有人眼中的天才而自满。即使身价高达数十亿美元，他们也没有因此放弃开发自己的游戏引擎，反而依旧如当年刚刚入行时那样热爱着游戏开发，热爱着自己所做的工作。

我们之所以要探讨元宇宙和游戏行业的连接关系，不仅仅因为两者在"雏形""终极形态"等方面存在联系，还因为想传达一条信息：科学技术仅仅是工具，帮助我们窥见元宇宙的一角，而人类浪漫的想象力和持续投入热爱之事的热情才能使元宇宙真正落地。

因为真正构建元宇宙的不是那些站在台上的企业家，而是那些身居幕后、有着"工匠精神"的开发者。

"在信息时代，没有人能够阻止你追逐你的梦想。你只需要一台计算机、塞满冰箱的比萨，以及为之献身的决心。"约翰·卡马克说的这句话其实印证了这个道理。

当然，目前元宇宙为实体经济做出的贡献同样不可轻视，毕竟人也是要吃饭的。

通过一系列与id软件相关的故事，大家或多或少能察觉出一点，那就是游戏引擎的开发并没有完结，它的重要性其实从20世纪90年代一直延续至今。

因为它是电子游戏能带给玩家"沉浸感"的基础，在构建元宇宙的"沉浸感内容"时，游戏引擎也是必不可少的。它是生产元宇宙核心内容的重要工具。

或许在元宇宙的应用中，游戏引擎可以被称为"元引擎"。

就拿目前顶尖的游戏引擎之一虚幻引擎来说，和它相比，20世纪90年代的《地下创世纪》游戏引擎简直就像是石器时代的产物。我们不妨大胆设想一下：当能将虚幻引擎变为"石器时代产物"的游戏引擎被开发出来时，元宇宙也许就能大致展现其面貌给各位玩家了。

可能有些读者会感到困惑，难道这么多年来，随着游戏引擎的发展，游戏的发展成就仅仅是从2D到3D，为玩家呈现越来越逼真的画面吗？难道仅仅是所谓的逼真画面营造出来的"沉浸感"就可以发展出元宇宙这个概念吗？

其实不然，试想一下，外面的山山水水是真实的，我们面对的堆积如山的工作也是真实的，那为什么我和你说"世界这么大，没什么好看的，快认真工作"时你会这么痛苦呢？

这是因为工作不真实吗？当然不是，如果你能自己选择工作内容的话，估计你也不会这么痛苦。看到这里，你大概就明白了。

回过头来你也就能理解，元宇宙是谁炒作起来的，又是凭什么炒作起来的。

五、开放性世界游戏

Roblox作为一个沙盒游戏平台，上市后成为"元宇宙第一股"，借着马克·扎克伯格将Facebook改为Meta的势头，在2021年彻底带火了元宇宙的概念，并让元宇宙的热度持续至今。

虽然Roblox成功的原因之一是抓住了疫情下全球低龄玩家拥有大量闲暇时间的机会，但它是靠什么抓住这个机会的呢？

它是靠VR技术将虚拟的景象通过外设使之出现在我们的眼前吗？不，从VR技术的角度来说，Roblox的VR体验很差，且没有一体机版本。

实际上，它取得成功的原因就是它是一个"沙盒游戏"平台。

什么是沙盒游戏？这又要回到那个"八仙过海"的20世纪八九十年代了。

之前说游戏一开始由MUD发展成为MMORPG，但无论是MUD还是MMORPG，它们都属于RPG（Role Playing Game，角色扮演游戏）。

传统RPG的剧情是线性的，玩家在游戏中的每一步行动都是被剧情推着走的，因此同时期又出现了一个游戏概念——"开放性世界"。

与传统RPG的单线剧情不同，开放性世界游戏之所以是"开放性"的，是因为其向玩家提供了众多支线剧情，是一种"非线性叙事"的游戏。

甲的行为会触发属于一种的剧情走向，乙的行为会触发属于另一种的剧情走向，因此开放性世界游戏具有自由度高、随机突发事件多、地图巨大、交互性强等特点。开放性世界游戏不存在地图限制，也通常没有线性关卡设计中常见的隐形墙和读取画面。其通过庞大的信息量和不同玩家之间的互动，鼓励玩家对虚拟世界进行探索。

我们由此可以发现，相比于传统RPG，开放性世界游戏给玩家提供了几乎无数种选择。

到这里，我们就找到了前文中提到的痛苦的原因——因为没有选择，所以在面对真实的工作时你会感到痛苦。现在，开放性世界游戏给了玩家选择的机会！

这不禁让人想起刘德华饰演的刘建明在《无间道》中的那句经典台词："我以前没得选，现在我想做个好人。"这句话道出了无数玩家的心声：我以前没得选，现在我要玩开放性世界游戏！

那么开放性世界游戏具有"开放""非线性叙述""能选择"等特点，它就是我们所说的沙盒游戏吗？就是它带火了元宇宙这个概念吗？

玩家从以前的线性游戏转移到非线性游戏（开放性世界游戏）当中，到底是为了什么？为了元宇宙吗？当然不是。

尽管开放性世界游戏有很多重要的特点，如丰富的场景、宏大的格局、众多随机突发事件、高度交互性等，但它的主要吸引力在于为玩家提供选择权，与其说那是"在游戏中做任何想做的事情"的自由，不如说那是玩家可以按照自己的意愿"选择"顺序和方式来应对游戏中的各种机会和挑战的自由。

虽然玩家拥有的选项仍然受到游戏规则的约束，绝对的"自由"是不存在的，但玩家并不会考虑这么深，他们就是为了自己脑海中的"自由"而来的。那是一种自己存在于电子游戏中的自由。

这种自由具体体现在被"基于具体世界背景的游戏规则"约束的多样且任意的内在与外在选择。也就是说，在特定的情景下，玩家受到尽可能少的约束和限制，能够按照自己的主观意愿行动。

所谓的主观意愿就是自己能否在游戏中通过交互方式，将自己的任意想法进行实践。虽然在现实世界中我们是无法任意地实现自己的意志的，但游戏中的虚拟世界给我们提供了这种"近似体验"的可能性。

游戏的开发者在制定规则的过程中会认真考量：玩家的哪些主观意愿是可以执行的，又通过什么方式去实现；通过什么样的规则，能够更好地、更长久地让玩家沉浸在游戏体验中。

随着技术发展和越来越多开放性世界游戏出现，游戏开发者意识到，还有让"电子游戏的自由"更进一步的空间。

以往的开放性世界游戏在确定了一条主线后，即使给玩家提供了庞大的剧情空间，能让玩家自主把握体验的节奏、自由地探索与发现世界中的各种事情，但它仍然停留在"探索、发现"的阶段。

那么，要如何做才能让游戏更进一步呢？

六、玩家创造游戏

美国科学史学家托马斯·库恩（Thomas Kuhn）有一个著名论断：科学理论是人类的智力发明（invention）而不是发现（discovery）。爱因斯坦在1933年发表的演讲《关于理论物理学的方法》(*On the Method of Theoretical Physics*)中有这么一句话："如果是这样的话，那么理论物理的公理基础就不是由经验得出的推论，而必定是自由思考想出的发明……（If then it is the case that the axiomatic basis of theoretical physics cann't be an inference from experience, but must be free invention...）"

虽然属于不同的领域，但人类的思想最终是相通的。在爱因斯坦看来，科学理论是人类心智的自由发明（free invention）。杨振宁先生极其推崇这篇文章，他将free invention翻译成了"自由创造"。

游戏开发者虽然不是哲学家，但前面的这些论断本就不是什么高深的理论，"游戏"作为人类"文明"的成果，自然而然也会沿着那些思想勾勒出的路径前进。

游戏开发者固然希望能引导玩家通过各种方式去发现开发者提前设定好的内容，但随着科技的发展和时代的进步，人们的思想越来越开放。如今的孩子享受了时代的红利，比早些年的孩子更加具备个性化的特征。于是，继"开放性世界"之后，互联网领域出现的新的概念UGC（User Generated Content，用户生成内容）也被运用于游戏之中。

玩家从原来只能探索、发现场景和事件等内容到可以创造内容。游戏开发者只负责建立世界观并设置一些基本规则，游戏里的一切都交由玩家来创造。为了让游戏中的内容更加丰富，游戏系统会给玩家提供各种创作内容的工具。依靠玩家的想象力、创造力，这些UGC工具可以让游戏的虚拟世界更加丰富绚烂。

Roblox将游戏中的UGC发扬光大，这正是我们所说的炒作"元宇宙概念"的沙盒游戏。

"沙盒游戏"中最重要的"创造"元素可以用"沙"和"盒"两字进行说明。

跟橡皮泥一样，"沙"可以被任意塑形。塑形完成后，玩家还可以再根据自己的想法，自由地添加"沙"、删减"沙"或者推倒"沙"重新来。"沙"其实就是积木，是可以被任意组合的基本单位。

"盒"是玩家操作和交互的空间。在这个空间中，玩家获得了跟游戏设计者一般的造物能力，能"自由"建设虚拟世界。

虽然沙盒游戏时常被拿来与开放性世界游戏一起讨论，但综上所言，两者的本质区别就是"玩家能否进行基本的自由创造"。

这就是UGC带来的内容，这也是元宇宙需要的内容！

UGC并不是游戏独有的，传统的Web2.0（第二代互联网）中的哔哩哔哩（bilibili）、YouTube（优兔）、TikTok（抖音海外版）等视频平台走的就是UGC模式，这种永续方式让各个平台拥有了源源不断的创造力和生命力。但是，UGC在这些平台上释放的创造力和收益并没有孵化出元宇宙的概念，直到它遇到了游戏。

玩家不仅可以在游戏中创造内容，也可以在平台（例如Roblox）中创造游戏！UGC天生"自带"的网络效应，使UGC游戏平台新增节点的用户价值呈现指数级增长的态势。当平台新增一名用户后，他既可能成为玩家，又可能成为游戏制作者，那么第n个玩家加入平台带来的内容联系增量为

$n(n-1)/2$，边际收益是递增的。这样，平台"招揽"了成千上万的用户，也带来了"元宇宙"这个概念。

"游戏"作为一根纽带，在缝上了UGC这颗"纽扣"之后，才将"元宇宙"挂到我们的"衣架"上。可光靠这一颗"纽扣"还不足以完成"元宇宙"这件"衣服"，只有缝上了更多颗"纽扣"，这件"衣服"才是完整的。

我们也要明白，这颗"纽扣"不会一成不变，也许它会变得微不可见，消失于时代的洪流之中；也许它会越变越大，在别的领域也发挥重要作用，但我们始终会记得我们在这根"纽带"上需要完成的任务。

第二节　元宇宙重塑人际关系

一、从 Facebook 到 Meta

元宇宙的热潮由产业界掀起，但"元宇宙"至今也没有一个公认的、准确的概念，全球产业界对它都有着各自的定义。

马克·扎克伯格设想的元宇宙是一个融合了虚拟现实技术、用专属硬件设备打造的具有超强沉浸感的社交平台。这从商业的角度很好理解，Meta的前身是Facebook，作为社交平台的巨头，虽然全平台每日活跃用户人数约为32亿，但全球立法者和监管者对其越来越多的审查也随之而来。马克·扎克伯格强调：人们往往认为Facebook是一家做社交媒体的公司，但是Facebook其实是一家建立人和人之间连接的公司。

因此，扎克伯格带领Facebook开始转型去拥抱元宇宙。资本市场也认可他的这一决定。

Meta在资本市场上受到追捧，其资金压力得到缓解，Meta的股价有了回暖的迹象，改变了Facebook在资本市场上的颓势。这种现象告诉我们，资本市场对于元宇宙是相当期待的。

但无论怎么说，Facebook的转型对自身而言都是一个巨大的挑战。其在过去10多年取得的成功，很大程度上归功于对用户数据和社交关系链的把握。在Web2.0时代，Facebook能将所有用户的数据视为自己的资产，然后用这些资产获取广告收益。但是Facebook想要转型的Meta是属于新时代的Web3.0（第三代互联网）的，Web3.0强调的是以用户为中心，强调用户拥有（own）自主权——这种自主权与前文提到的UGC息息相关。当用户的数据和资产属于用户本人，用户就可以延展出很多价值，这其实挑战了Facebook赖以生存的底线和基础。

虽然难，但这也是互联网由Web2.0转型到Web3.0必须面对的。在Web3.0的"社交"中，靠着UGC工具，用户为自身需求进行交互操作，并在交互中利用区块链技术来实现价值创造、分配与流通。这样全体用户交互、价值流通的过程就形成了Web3.0的生态基础。

这其实也不复杂，如果要探究元宇宙的社交生态，我们只需要从游戏中的"社交"板块入手即可。因此，在物理维度上，前文提到的实时渲染、3D交互等技术支持，是元宇宙的社交平台需要提供的。

但是，这还远远不够。

二、元社交

1984年，威廉·吉布森"脑洞大开"的杰作《神经漫游者》一经出版便引起热议，开创性地让"赛博朋克"这一概念进入了社会大众的视野。书中对人工智能、虚拟世界、基因工程进行深入讨论，将数字网络的发展带到了一个新的阶段。

社会各界意识到，虚拟世界不再仅仅是数字内容的承载工具，而应该被赋予更多的使命。其中卢卡斯影业（Lucasfilm）进行了一次尝试，发布了开创性的游戏作品《栖息地》(*Habitat*)。这是受到"文学"的影响，"影视"公司以"游戏"的形式进行的尝试。就像前文提到的，元宇宙的概念是从八大艺术衍生出的"第九艺术"游戏的一次尝试。

《栖息地》也受到美国著名科幻作家弗诺·文奇（Vernor Vinge）于1981年创作的小说《真名实姓》(*True Names*)的影响。弗诺·文奇在该书中描述了一个梦幻般的虚拟世界。

《栖息地》试图将这个虚拟世界变成现实。当然，因为《栖息地》的制作方是影视界"大佬"，所以这款游戏的侧重点和别的游戏不一样。制作方认为：虚拟世界的内核应该是玩家之间、玩家与系统的互动和社交，而游戏只是一个形式而已。

这种理念为后来的UGC工具的研发奠定了基础。

在这种理念的加持下，相比于传统的竞技类游戏，《栖息地》更像一个由玩家自发驱动的社交游戏，处于"游戏世界"中的数字化社会没有复杂的规则和机制，也没有所谓的"头号玩家"，有的只是堪比真实世界的世界观和一个个独立的世界公民。

在那个年代，基于游戏开始的社交平台的尝试，其实已经让人看见了其中包含的"元社交"的要素。人们意识到想要在游戏中模拟现实社交，除了要在物理维度趋近以外，还要在真实社会的维度努力，把真人之间的社交关系也移植进来，建立更广阔的社交网络。

受这些"元理念"的影响，加上20世纪90年代计算机图形学和算力等技术持续发展，众多开发者——之前提到的id软件便在其列——在网络社交上做出了不同的尝试,把人们带进一个网络上的三维空间。

1. 1994年,《网络世界》(Web World)

在UGC、3D图像以及开放性社交的三维虚拟世界已经有一定应用基础的20世纪90年代,罗恩·布里维奇(Ron Britvich)创建了《网络世界》。作为世界上第一个轴测图界面的多人互动社交游戏,它开启了UGC在游戏中的应用,但其侧重点在"社交"板块。这是第一个能让数万人聊天、建造、旅行的2.5D开放性世界。从前文中我们可以知道,当时的3D技术还未成熟。

2. 1995年,《动感世界》(Active Worlds)

《动感世界》是一个基于小说《雪崩》世界观的虚拟社交平台,也被看作VR场景的鼻祖,为用户提供了基本的内容工具来改造虚拟环境。

这类社交平台跟游戏的发展时间线大体上是一致的。在20世纪70年代,这类社交平台是基于计算机文本(侧重于社交的MUD)构建的虚拟世界;在20世纪80年代,这类社交平台是包含2D图形界面、具有社交元素的虚拟世界。

"metaverse"这个词也在这个时候开始用来描述这种带有社交属性的、网络上的三维空间。

1995年10月14日,《新科学人》杂志上刊登了一篇名为《如何建立一个元宇宙》("How to build a metaverse")的文章,提到了小说《雪崩》里面对"metaverse"的描述。

罗恩·布里维奇在创建完《网络世界》后没多久便转到后来成为世界公司(Worlds Inc.)的知识冒险世界(Knowledge Adventure Worlds),在那里与其他设计师一起开发了《阿尔法世界》(Alpha World)。

1995年,《阿尔法世界》以其3D网页浏览器的名字命名,改名为《动感世界》。《动感世界》里的玩家或者说是公民，都是这个虚拟世界的参与者。所有玩家都是一个又一个真实的人，共同推动《动感世界》的发展。玩家在虚拟世界里的社交、互动行为，如同现实世界中的人类行为一样复杂，这更像是与互联网平行发展的另一种网络形态，但是文字信息变成了三维图形。不过由于技术限制，《动感世界》里的信息密度比现实世界低了很多。

于是，《动感世界》迅速成为最重要的3D社交虚拟世界，吸引了成千上万的用户，其用户规模呈指数级增长。

用户登录《动感世界》后，能够探索其他用户创建的3D虚拟世界和环境。另外，用户可以与其他用户聊天，也可以自行建造建筑。《动感世界》允许用户拥有自己的世界或者宇宙，并允许用户自行开发3D数字内容。

在《动感世界》中，用户自主生成内容、实时聊天、多个世界、财产权等特征出现了。从这些角度来看，《动感世界》相当于技术弱化了的Roblox，具备了元宇宙的一些特征，或者说元宇宙的特征就是从这些社交平台中来的。

3. 1996年，《游戏巨作！旅行者》(OnLive! Traveler)

1996年，《游戏巨作！旅行者》上线，成了第一款支持语音聊天以及可以听音辨位的虚拟世界。随着"社交感"变得越发真实，虚拟世界与现实世界之间的差距变得越来越小。

三、社交行业巨头发力元宇宙

说到中国的社交平台，"80后""90后"接触最多乃至现在都还在用的，就是腾讯公司的QQ和微信（WeChat）。作为社交行业的巨头之一，腾讯对元宇宙自然也有自己的看法，腾讯认为元宇宙是一个独立于现实世界的虚拟数字世界，用户进入这个世界之后就能用新身份开启全新的"全真"生活。

所谓的"全真"生活，其实就是向现实世界贴近的虚拟世界。早在2020年底，腾讯创始人马化腾就已经提出这个概念。他认为在企业的成长中有一些关键机会，抓住机会，企业就能飞得更远，没有抓住机会，企业就会掉队，甚至倒下，一个令人兴奋的机会正在到来，"移动互联网十年发展，即将迎来下一次升级，腾讯称之为'全真互联网'"。

马化腾表示，从实时通信到音视频等一系列基础技术都已经准备好，计算能力快速提升，推动信息接触、人机交互的模式发生更丰富的变化。这是一个从量变到质变的过程，它意味着线上线下一体化、实体和电子方式融合。虚拟世界的大门已经打开，无论是从虚到实还是由实入虚，都在致力于帮助用户在线上拥有更真实的体验。

因此，马化腾做出判断："随着VR等新技术、新的硬件和软件在各种不同场景的推动，我相信又一场'大洗牌'即将开始。就像移动互联网转型一样，上不了船的人将逐渐落伍。"

在众多互联网企业中，听到"大洗牌""互联网转型"等说法时，最兴奋的可能是字节跳动。

无论是互联网时代还是后来的数字经济时代，流量始终都是各家互联网企业竞相追逐的热点。元宇宙之所以会和社交深度绑定，部分原因是社交本身就带着巨大的流量。可字节跳动很无奈，尽管手握"抖音"这个"顶流级"应用，但字节跳动始终无法像腾讯一样靠社交网络来编织一张流量之外的大网。

字节跳动的创始人张一鸣在2019年就曾无奈地表示：2018年，有20万用户在抖音的后台吐槽微信无法分享抖音链接的问题，这些用户分享链接的权利应当被充分保障。

在这之后的几年里，尽管字节跳动模仿微信为抖音注入更多的社交属性，例如好友视频通话、摇一摇、个人名片等功能，但是对微信筑起的社交壁垒，字节跳动只能望洋兴叹。

这并非字节跳动的技术能力问题。字节跳动之所以无法将在短视频、新闻和信息流领域的优势转移至社交领域，是因为"社交关系"作为互联网最基础的设施，其本身就是有"惰性"的。这种惰性一旦形成，就会阻碍用户调整基础设施的"欲望"。这类似于老一辈人对于手机的需求，哪怕智能手机在"Z世代"的人群中普及率非常高，但功能简单的"功能机"足以满足老一辈人的通信需求。这在一定程度上就是"惰性"的体现。

那如何才能强行摧毁这个"惰性"呢？重塑通信基础设施即可让"功能机"被自然淘汰。因此，主流互联网社交工具更迭，几乎只能发生在互联网出现重大变革的过程之中。诞生于移动互联网时代的LINE（线）和微信等社交平台，会在互联网向Web3.0和元宇宙转型的变革中受到有史以来最大的冲击。这或许就是字节跳动打破腾讯"社交垄断"的最好时机。

字节跳动也深知这点，为迎接"元宇宙"的到来，它在近年来做出了一系列布局，收购了专注于二次元虚拟社交的北京波粒子科技有限公司，随即将该公司原有团队的50人并入字节跳动；收购了专注移动虚拟现实技术与产品研发的科技公司——北京小鸟看看科技公司，将其旗下的智能穿戴设备品牌PICO并入字节跳动的VR相关业务线。

北京波粒子科技有限公司旗下的主打产品虚拟形象社交娱乐APP"微你"（Vyou）和之前字节跳动在海外推出的社交网络APP"Pixsoul"（小精灵）一

样，都是侧重打造虚拟形象的产品，例如"AI捏脸"等功能。由此可见，字节跳动此次收购是打算以"Avatar"技术，通过塑造用户化身（虚拟身份）切入元宇宙社交。这有些类似腾讯QQ里的虚拟形象设计系统——QQ秀。此前，Roblox就将"身份"作为元宇宙第一要素写入招股书（排在身份之后的就是社交）。但遗憾的是，就目前而言，所有的虚拟形象APP都没有表现出足够的社交属性。

当然，也有些APP显露出了部分元宇宙社交平台的端倪，例如百度的"希壤"。

百度副总裁马杰认为，构建元宇宙的过程在本质上是对现实世界的虚拟化、数字化过程，需要对内容生产、经济系统、用户体验以及现实世界内容等进行大量改造。

他这么说是因为元宇宙的特质之一就在于虚实结合、线上和线下统一。这就是为什么这么多科技巨头都在努力让虚拟世界接近现实世界。就目前阶段而言，如果背离了这一点，元宇宙将变得过于虚幻并难以实现。

但在元宇宙社交方面，现阶段用户的喜好呈现出来的并不是虚实结合，更像是避实就虚。用户是因为对元宇宙感到新鲜以及好奇而涉足这片社交领域的。

这也就能解释，在"希壤"成功吸引了一汽奔腾、伊利等品牌入驻后，用户的想法是："我为什么要到元宇宙去参加你们品牌方的营销活动？"

不仅是行业巨头在"社交"的生态圈中努力，中小公司也是如此。例如2022年1月，一个"无名小卒"——"咖喱"APP踏入了这片广袤的战场，它在上线20多天后就"一剑刺伤"微信，摘下苹果应用程序商店（App Store）免费榜的头名，这是近两年来第一次出现这种情况。

在"咖喱"APP中，用户只能添加50名好友，并随时随地与好友分享自己的状态并发布即时动态。这个特点的确满足了很多用户的需求——因为主流的微信等社交平台的确存在着庞大的"躺尸好友"，虽然是好友，但几乎从不联系。"Z世代"用户的圈层文化严重，这一设定符合了年轻人"圈子不同，别来沾边"的"孤而不独"的特点。

尽管目标群体明确，但该应用由于卡顿、延时、闪退等诸多问题（官方解释），在上线三周后就草草下架，也一直没有重新上架。一代"小卒"就此退场，这其实也是中小公司的一种悲哀。

不同于科技巨头，中小公司只能另辟蹊径，根据不同用户的不同需求，在不同场景下去满足某些比较"垂直"的社交需求，才能拓宽自身的边界。实际上，"咖喱"APP在那几日短暂的荣光之后，它的下载量便经历数次断崖式下跌。

依托"圈子"网络的APP不能满足"甲方"需要的足够的互动性。这就像善变的女朋友一样，你今天根据她的"垂直"需求提供了"冰激凌"，但明天就可能由于她的生理原因，使你满足"垂直"需求的努力直接作废了。加上这些小公司在技术和用户数量方面也无法与有着多年积累的科技巨头对抗，因此大多数用户下载这类APP的目的只是"尝鲜"。

但科技巨头的积累也只是"换汤不换药"，逃不过"新瓶装旧酒"的尴尬。抛出元宇宙概念的Meta创造的社交平台《地平线世界》（*Horizon Worlds*）在推出后也未达到预期的效果，月度活跃用户数不到20万的数据让人大跌眼镜。

因此，无论是"巨头"谋划宏伟蓝图还是"小卒"另辟蹊径，都很难在"元社交"层面挖掘出新的核心玩法。如果抛去科技的发展，这些理念甚至都像是停留在20世纪90年代。

也许是这些年人们的确走得太快了,也许是前辈的思想太过超前了,我们也深知创新是一件非常困难的事情。那些为"元社交"而付出的艰苦努力和辛勤的汗水并不是徒劳无功的,在它们灌溉的土地上,元宇宙的社交之花终将萌发。

第三节　元宇宙在健康领域的应用

一、元宇宙与疾病诊断

在IBM打造的医疗认知计算系统"沃森医生"投入使用近三年后,一些医院的医生发现其偏向于选择适合美国情况的治疗方法,而这些治疗方法可能并不符合当地的实际情况。它在学习不同类型癌症的知识方面也遇到了一些困难。正是因为"沃森医生"的种种负面消息,使医生们在使用"沃森医生"时或多或少会有些犹豫。它甚至被视作医疗界的一个"笑话"。但是,新事物的诞生总要是经历各种各样的磨难的,"沃森医生"还在初级阶段,人们不应放弃或是嘲笑它,而应该多给一些时间与耐心,以待它在未来变得成熟。

机器人诊病离我们还远吗？2017年,人工智能在满分600分的情况下,以456分的优异成绩通过了全国临床执业医师资格考试。这一成绩高出合格线96分,在所有考生中的排名位列前5%！这意味着什么呢？这意味着人工智能已经具备了成为优秀全科医生的潜质。如今打着"辅助诊断"旗号的元宇宙,未来是否有可能取代医生向大众提供诊疗服务呢？这一切都还是未知之数。

二、元宇宙与辅助治疗

在诊断病情之后,患者就要接受治疗了。谈到人工智能在辅助治疗方面的成就,我们首先想到的还是手术机器人。

近年来,我国在这一方面有了突出的成就,比如神经外科手术机器人"睿米",历时18年研发完成,于2018年通过国家食品药品监督管理总局(CFDA)三类医疗器械审批。面对脑出血、脑囊肿、癫痫、帕金森病等十余类神经外科疾病,"睿米"机器人都能出色地完成精准定位。人的大脑结构是很复杂的,倘若手术时定位稍微偏差一点点,手术很有可能就会失败。以帕金森病为例,医生需要将直径1毫米左右的电极植入患者的丘脑底部特定的神经核团中,而这个神经核团只有花生米大小。这对手术精度的要求极高,即使有经验的医生也要经过多次训练,才能实施手术。有了"睿米"机器人,医生就可以方便、快捷地对手术部位进行精准定位。虽然"睿米"机器人的外观不像人,但是有着人的部分功能。比如,它有由计算机及软件系统构成的"大脑"和机械臂构成的"手",还有由摄像头构成的"眼睛"。通过"脑""眼""手"结合,"睿米"机器人可以帮助医生精准地定位。别看它好像有些笨重,它的精度其实可以达到1毫米!在"睿米"机器人的定位辅助下,医生只需要完成最后的穿刺工作就行了。

除了"睿米"机器人以外,骨科机器人"天玑"也是优秀的手术机器人。"天玑"是国际上首个适应症覆盖脊柱全节段和骨盆髋臼的手术机器人。传统的骨科手术部位空间比较小,而且往往紧挨着重要的神经和血管。对于医生来说,传统的骨科手术存在三大难题:看不见内部结构、打不准螺钉、人的手不够稳。有了"天玑"机器人,医生只需要在计算机导航系统屏幕上设

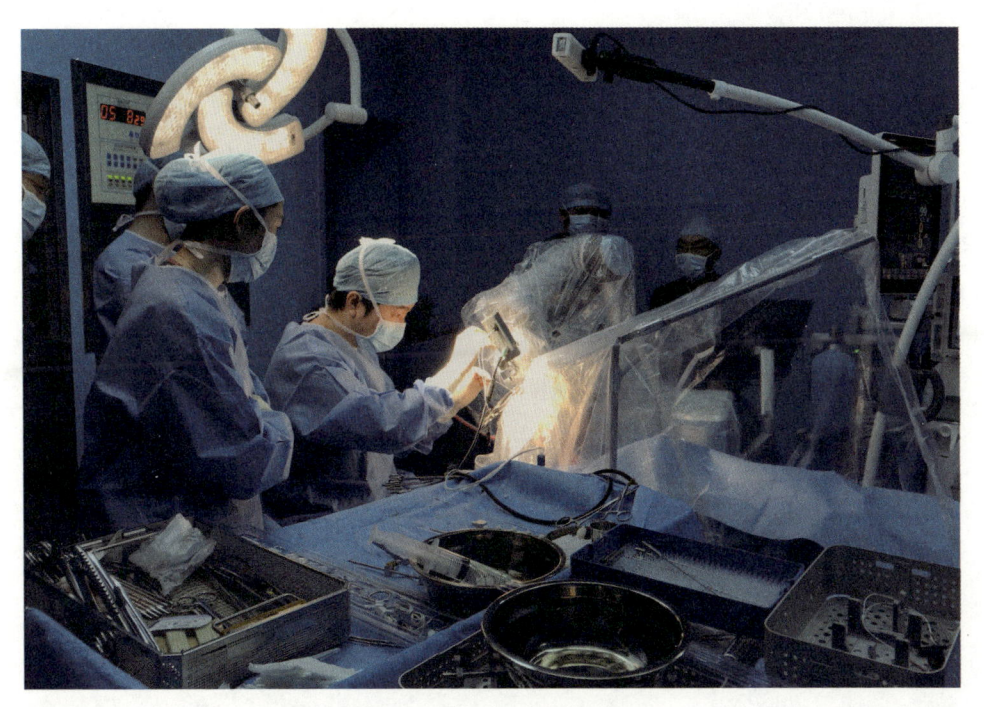

"睿米"机器人辅助医生完成手术

计好钉道,"天玑"就可以精准地将螺钉打进患者体内,再由医生对患者进行一次扫描,确认螺钉打入的位置。这不仅缩短了手术时间,还能减小手术切口、减少出血量,患者也能更快地恢复健康。

其实,元宇宙对医疗的作用不仅在机器人方面,还包括AR与VR两方面的应用。经常玩游戏的读者一定不会对AR与VR感到陌生。实际上,AR与VR技术是人工智能的两大应用。为了下文讲述方便,我们在此还是简单介绍一下AR与VR分别是什么意思。AR(Augmented Reality)就是增强现实。我们可以通过AR技术将虚拟世界与现实世界结合,在现实世界中看到虚拟的东西。比如说迪士尼就打造了一款AR游戏《玩转迪士尼乐园》(Play Disney Parks),用户在排队的时候只需要用手机摄像头激活周边的AR元素，就可以看到自己身边有火箭飞过等虚拟景象。VR（Virtual Reality）就是虚拟现实，人们只要戴上一个头戴式显示设备，就能看到一个与现实完全不一样的虚拟世界。比如上海迪士尼乐园中的热门项目"飞越地平线"，平均游客排队等候时间超过一小时。这个项目到底有什么好玩的呢？你只需要坐在一把悬空的椅子上，就能体验到飞越阿尔卑斯山、格陵兰岛、长城、埃菲尔铁塔等世界著名景点的感觉，好像环游世界一样。一提到AR和VR，我们讨论最多的可能就是它们在游戏领域的应用了。但是，如果AR和VR只在游戏领域发挥作用，那可真是"大材小用"，它们在医疗领域也已发光发热，为人们提供多种多样的帮助。

VR可以与专门的人体手术机器人结合，帮助外科医生进行微创手术，AR能帮助外科医生进行注射，或是360度无死角地查看病人的器官。致力于医学图像三维可视化的美国InnerOptic（内部镜头）公司，推出了配合"元宇宙M3D图像引导系统"的AR眼镜，能为外科医生提供指导作用。在手术过程中，这个系统会计算并预测注射器即将插入的位置，然后医生就能在AR眼镜上看到用虚线标示出来的目标位置。这个目标位置还会随着注射器的移动实时更新，使得实际插入的位置更加精准。这样，即使外科手术经验不那么丰富的医生也能成功地向患者体内注射药物。通过AR技术，医护人员可以在手术过程中查看病人心脏的实时全息图像，以及他们在心脏内使用仪器的全息图像，这给医生提供了很大的帮助，可以大大缩短手术时间。比如美国的医学影像公司EchoPixel（回声像素），就利用AR技术帮助医生看"透"病人：医生只需要一套True 3D（真三维）系统以及一副配套的眼镜，就可以从任何角度查看病人体内的器官，一幅完整的3D全息图像就展示在医生面前。

AR和VR的作用不止于此。人们经常认为，大城市医院的医疗水平要比小城市的好，而小城市医院的医疗水平又高于县城的，县城医院的医疗水平又好于偏远山村卫生所的。医疗资源的差距使得很多人不远万里跑到大城市来寻医问诊。不过，有些山村实在太过偏远，最近的公交车站也在10千米之外。如果病人卧床不起，那更是难上加难，去大城市看病几乎是不可能的事。但是在将来，AR和VR技术的进步就可能把这些"不可能"变成"可能"。即使病人在千里之外的小山村，只要能连上互联网，他的各项生理数据就可以反映在医生眼前的虚拟病人的身上，"北上广"甚至是国外的医生也能看到病人身体的实时数据。不仅如此，医生还可以戴上头显设备，对虚拟病人进

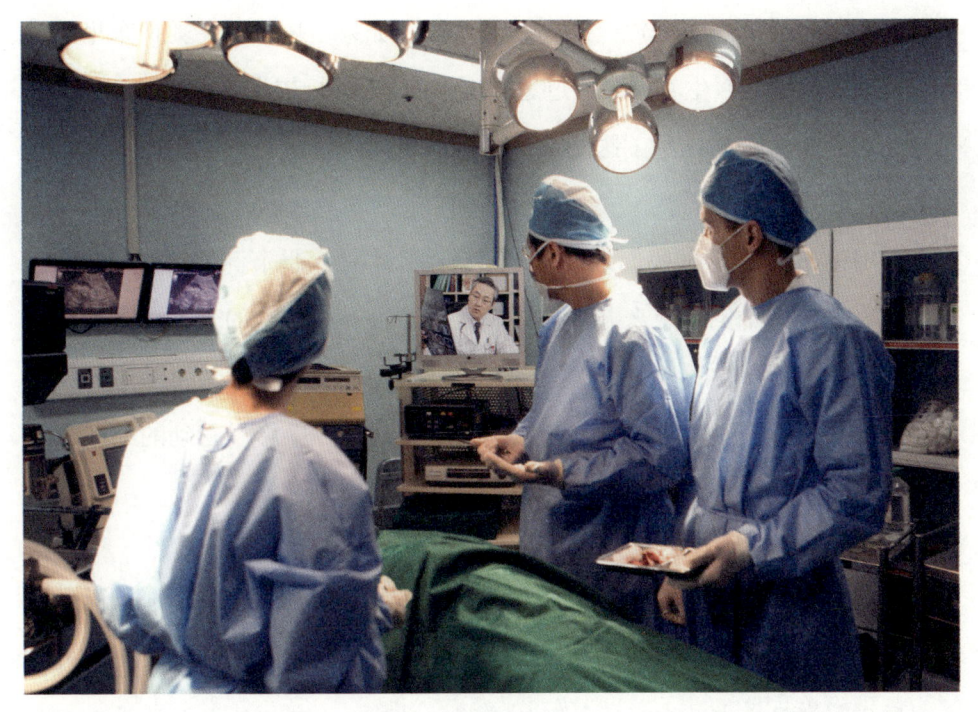

远程医疗

行一些操作，实时控制千里之外的机械臂，为真实的病人做手术。

　　如果这听起来还很遥远，那么我们先来讲讲已经实现的"远程医疗"技术。以色列在"远程医疗"方面非常领先，特拉维夫特哈休莫医院舍巴（Sheba）医疗中心就开发了一种VR远程康复服务技术。通过这一技术，医生可以及时了解在家里休养的病人的状况或者在医疗保健中心指导其他地区病患的临床治疗。以色列数字医疗设备制造商TytoCare（莩鹉护理）公司致力于开发手持医疗检测设备，让病人检查自己的口腔、咽喉、眼睛、心脏等器官的健康状况，医生则可以"在线"指导病人。病人足不出户就能看病已经不是梦想。

　　也许在不远的将来，"远程医疗"技术还将被应用到急救领域。我们知道，对需要急救的病人来说，时间就是生命。如果当病人还在救护车里的时候，远在急诊室的医生就可以通过远程B超对病人进行初步检查，了解病人的基本情况，那么等病人到了医院后，医生就可以直接进行手术，从而节省大量宝贵的时间。

　　AR眼镜也可以帮助我们处理很多紧急医疗事件。举个例子，如果有人在火车或者飞机上晕倒了怎么办？如果病人身边没有会急救的人，那么就很可能错过最佳的治疗时间。AR眼镜能帮助相关人员（比如列车员）通过网络连接医生，并接受医生的直接指导。这场面就跟我们在电影里看到的那样，医生会出现在眼前一块虚拟的屏幕里，指挥相关人员进行急救。

　　对患者来说，手术中的镇痛也是很重要的。医生可能经常会被患者这样问："接受这个手术，我会不会痛啊？"确实，一想到要做手术，患者最担心的事情之一就是疼痛。有时候，即使用了麻醉剂，也不能使患者的疼痛完全消除。等手术结束，麻醉剂不管用了，医生就会给病人开一些"镇痛药"。然而，有些镇痛药虽然有止痛效果，但同时对人体也有一定的伤害，比如号称最有效的镇痛药——阿片类镇痛药。"阿片"也就是"鸦片"，是从罂粟中提取出来的。一提到"罂粟"，读者们是否会想到"成瘾"？是的，这类药物可能会致瘾。虽然国内对这类药物管制颇严，但是在国外，因过量摄入这类药物而死亡的案例并不少见，而且这类药物的依赖性非常高。其他的非阿片类镇痛药，虽然毒性低、无依赖，但是无法独立作为中重度疼痛的止痛方式，它们的镇痛效果远不如阿片类镇痛药。那么，面对中重度疼痛，人们只能在"痛"与"瘾"之间做出抉择吗？

VR技术正在尝试解决这一两难的局面。VR是一种新型的"镇痛药"，但不是真正的镇痛药，因为VR疗法与真正的镇痛药有着本质的区别：它既能达到镇痛效果，又对人体无害。患者只需佩戴VR设备，就能进入一个完全虚幻的奇异世界，从而转移自己的注意力，减少治疗的疼痛。在美国得克萨斯州加尔维斯顿的圣地兄弟会（Shriners）儿童医院烧伤科，小女孩杜克就在"换纱布"的过程中体验了模拟冰雪世界的VR游戏。不知道大家有没有跌倒摔伤的经历？医生在换纱布时会扯下许多死皮，这个过程通常伴随着痛苦。对于全身烧伤的病人来说，这种痛苦则更加难以忍受。当杜克戴上VR设备沉浸在"冰雪世界"中愉快地打着雪仗时，医生给她换纱布，她也就没那么痛了。斯坦福大学医学院的止痛药专家贝丝·达诺尔（Beth Darnall）副教授认为："人体疼痛发出的警告能够很有效地吸引人的注意，而VR疗法可以成为一种精神的工具，就好像沉思疗法一样，可以抑制疼痛。"那么，该如何科学地检测疼痛是否被抑制呢？询问患者本人带有一定的主观性，但是科学实验是客观的。杜克就诊的圣地兄弟会医院和位于西雅图的港景（Harborview）医疗中心烧伤中心对接受VR疗法的病人进行了脑部核磁共振检查，结果显示，病人的疼痛度有了显著下降。这证明VR疗法是有效的，甚至有人认为它比吗啡（一种阿片类镇痛药）的镇痛效果更好。

三、元宇宙与康复护理

所谓"三分治，七分养"，治疗后的康复训练也是十分重要的。我们知道，对于身体性残障类疾病，传统的康复过程需要患者进行很多重复性运动，这一过程通常漫长而无聊。有一些公司已经针对患者的复健训练设计了一些"机器人"，帮助患者更快地从病中恢复过来。比如三星就推出了"Samsung GEMS"，这是一种外骨骼机器人，用户只需要把它穿戴在身上，就可以辅助自己行走，帮助自己强化肌肉。虽然这解决了恢复得慢的问题，但患者还是要面对如何打发康复过程中的无聊时光的问题。

我们知道，玩游戏是打发无聊时光的一种方式，如果患者的康复过程能在游戏中度过，那该多好！现在，有了VR技术，这已经不是梦想。VR游戏可以刺激患者的大脑，让肢体重新接受大脑的控制，从而达到康复的效果。早在2013年，瑞士的VR神经科学公司MindMaze（思想迷宫）就开发了MindMotion Pro（精神运动专业版）神经康复治疗系统，其运用了沉浸式虚拟现实、动作捕捉与分析、神经电生理测量与分析三大技术。具体来说，该系统运用3D运动跟踪摄像机来协调人体动作和大脑机能，系统会通过患者的动作生成虚拟形象，并由此进行交互性指导。比如一个人中风后无法移动左臂，练习则要求他用正常的右臂去拿东西，而屏幕上出现的虚拟的"人形化身"则在移动左臂，这就能通过镜像技术刺激患者的大脑，以达到辅助康复的效果。据说，患者可以完成标准康复计划10至15倍的运动量。那么，如果患者在自己的家中，是否也能通过VR游戏进行康复练习呢？MindMaze不仅研发了在康复中心使用的MindMaze Pro系统，该公司研发的患者家用的MindMotion Go（精神运动精简版）系统也于2018年6月通过美国食品药品监督管理局（FDA）审查，可以应用于中度和轻度脑损伤患者居家康复。这样，从住院治疗到居家治疗，VR康复系统可能会"承包"所有康复的流程！患者再也不用担心枯燥的康复训练了，反而会积极地戴上VR设备，沉浸在游戏的世界里，一边娱乐，一边康复。

康复护理不是患者一个人的事。为了让患者恢复健康，护士们也非常辛苦。有的护士一天要手动测量80多个人的血压，还要跑上跑下，发药、查房……光是想想都会让人觉得腰酸背痛。累也就算了，万一要进入辐射强度大的隔离病房，护士的身体健康也会受到影响。那么，机器人能帮护士们分担什么工作呢？

首先，它能替代护士处理一些脏活、累活。美国各大医院使用的TUG机器人能够收集病人的床单、脏餐盘、状况表、废弃物等物品。别看它其貌不扬，长得就像一个"行走的冰箱"，但它不仅能认路还懂礼貌，知道要停下来让人先走，也会在别人给它让道时说一声"谢谢"。武汉协和医院也引进了物流机器人，药物的配送工作就不用护士们亲力亲为了，而且一台机器人能顶四个配送员，工作干得又快又好。护士们不用把体力、精力浪费在繁重的体力劳动上了。

其次，护理机器人可以代替护士发药、查房，询问病人的健康状况。加州大学旧金山分校医疗中心和英国国家健康中心就采用了人工智能虚拟护理师"茉莉",它可以和病人互动,评估病人的病情。更重要的是,护理机器人可以减少辐射对护士身体的影响。上海仁济医院核医学科就引进了钛米机器人,让它成为护士的好帮手。因为核素治疗病房中有核辐射,护士查房需要全副武装,而且去病房的频率也不能太高。钛米机器人能每隔两小时就对所有病人进行一次体检,它在呼叫患者姓名后通过人脸识别确认身份,然后自动测量患者的体温、血压、辐射残留等。它还能自动打开药箱,播放服药通知,向病人解释医疗、护理小知识,甚至能有效帮助医护人员和患者进行远程视频通话。这不仅减轻了护士的负担,还能帮助护士及时掌握病人的情况。病人也能在闲暇之际与钛米机器人进行交流,打发无聊的时光,简直是一举三得。

最后,机器人还能胜任抽血的工作。回想一下你在医院抽血的经历,如果你看到给你抽血的是一位年轻的实习护士,那么你可能会在心里惨叫"大事不好",一次抽血可能会在你身上留下好几个针孔。如果对象是老人、小孩,抽血就更考验护士的技术了。面对这种情况,美国的抽血机器人Veebot应运而生。通过使用红外线、超声波成像,它能够自动确定最终的入针位置,针头进入身体后还能调节深度,而这一切只需要一分钟就可以完成!

动画电影《超能陆战队》中胖胖、萌萌的机器人"大白"很受欢迎,它能够当我们身边的健康顾问,只需要扫描一下,就能检测出我们的生命指数,治疗我们的伤痛,给予我们安慰。它就像机器人中的"白衣天使"一样,无微不至地呵护着我们。虽然现阶段的护理机器人离"大白"的水平还有较大的距离,但我们可以从这些护理机器人身上看到,人类未必无法与机器人和谐相处,机器人也可以给人类提供很多帮助,承担陪伴病人、照顾病人的工作。

四、元宇宙与"永生未来"

现在,我们得推出一位重量级的"大人物"。这位"大人物"虽然非常厉害,但是体形很小,那就是充满着未来感的"纳米机器人"。纳米机器人能在纳米尺度上精确地构建和操纵物体,能在我们身体里给我们"做手术"。想象一下,将来有一天,由纳米级元件构成的小机器人被注射入你的体内,帮你疏通血管堵塞、清除致病的病毒。也许有的读者会觉得这听起来瘆得慌,如果有这么几个小东西在自己的血液里游泳,那绝对会让人联想到孙悟空在铁扇公主肚子里撒泼打滚的画面。但是要知道,既然是"纳米机器人",那么它的大小也就是纳米级别的,是一只蚂蚁的几百万分之一。它是有益于人体健

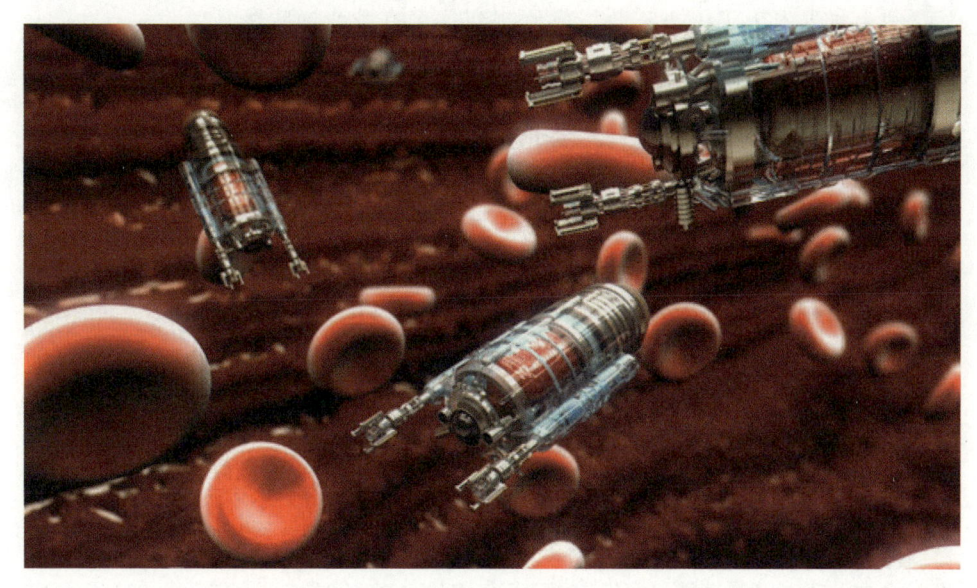

纳米机器人模拟图

康的，不会在你的肚子里"造反"。那么，它到底要怎么帮我们处理身体内存在的"病变"呢？让我们来看一则"纳米机器人小分队"的故事：

纳米机器人队长："我们已经进入患者的身体内了，大家准备好巡逻了吗？"

纳米机器人们："准备好了！"

纳米机器人队长："好，我们先顺着血管一直游，发现异常情况及时汇报。"

纳米机器人A："报告队长，我感到这里的温度好像有异常！"

纳米机器人队长："好，检查一下这里信使核糖核酸（mRNA）的疾病指标。"

纳米机器人A："各项指标均与××疾病符合！"

纳米机器人队长："准备释放相应的治疗药物，消灭敌人！"

纳米机器人B："报告队长，我检测到这里有肿瘤细胞聚集！"

纳米机器人队长："好！大家变换自己的形态，释放携带的'肿瘤杀手'！"

纳米机器人B："不行，敌人太强大，人手不够啊。"

纳米机器人队长："不用怕，我们能自我复制出几百万个兄弟，一定能顺利完成工作！"

我们可以从这则小故事中总结出纳米机器人的四个特点：首先，它们携带温度感应器。人体中出现病变时，相应部位的温度会发生变化。因此，纳米机器人可以根据这一特点识别患病部位，实现药物精准投放。其次，它们能检查信使核糖核酸的疾病指标，如果所有指标都与人们设置的某种疾病指标相匹配，那么它就会做出"这里该释放某种药物"的判断。再次，纳米机器人会变换自己的形态，由筒状展开为片状，释放其携带的药物，消灭病变细胞。最后，纳米机器人能自我复制出百万数量级的机器人，顺利完成工作任务。

也许有了纳米机器人，癌症患者就不用进行化疗了，纳米机器人可以精准地攻击癌细胞，将其完全消灭。老年人常见的心脑血管疾病，对于纳米机器人来说更是小菜一碟。这样一来，有人会自然而然地想：既然纳米机器人可以治疗这么多疾病，人类是否有希望长生不老呢？还真有人承认了这一点。有人宣布："到2029年，人类将开始正式走上永生之旅。到2045年，人类将正式实现永生。"

古往今来，寻求"长生不老"的灵丹妙药的人数不胜数，几乎中国所有的皇帝，包括英明的秦皇汉武、唐宗宋祖，莫不如此！据说当年秦始皇就派方士徐福，带着3 000名童男童女东渡扶桑寻找长生不老药，灵丹妙药当然是找不到的，秦始皇自己不到50岁就呜呼哀哉了。在我们传统的认知里，"长生不老"只存在于神话之中，在现实生活中根本就不可能有人长生不老。那么到底是谁胆子这么大，敢颠覆我们的认知，做出这个"神预测"？一般人说的我们不信，但是"大神"说的，我们就要仔细地考虑考虑了。这位"大神"就是谷歌的首席工程师、未来学家雷·库兹韦尔（Ray Kurzweil）。所谓"名师出高徒"，雷·库兹韦尔的老师就是前文提到的人工智能之父马文·明斯基。比尔·盖茨称："雷·库兹韦尔是我知道的在预测人工智能方面最厉害的人。"

好吧，那我们姑且觉得他没有胡说八道，那么他有什么根据呢？当然，雷·库兹韦尔说出这番话并不是为了哗众取宠。设想一下，如果有那么一个时间点，医疗技术的进步使人均寿命每过一年就增长一岁，那人岂不是就逐渐接近永生了？雷·库兹韦尔认为，到了2045年，"奇点"就将来临，人工智能将与人脑智能兼容，人类将超越自己的生物存在！

有读者要说:"好,你说的那个接近永生好像有点道理,但是那个'奇点'是怎么回事?人工智能怎么能与人脑智能兼容呢?"这里,纳米机器人就要发挥它的大作用了,它就是人类"永生之旅"的一个重要角色。雷·库兹韦尔认为,近几年内,纳米机器人就可以进入人的血肉之躯,接管人类的免疫系统。到了21世纪30年代,我们血液中的纳米机器人还能摧毁病原体,并修复人体内受损的基因,达到扭转衰老的效果。纳米机器人还可以经由毛细血管无创伤地进入大脑,将大脑皮层与云端联系起来。如果肉体实在是支持不下去,我们的思维、情感、意识都能保留在计算机中。通过与云端相连的全息投影技术,已经去世的人还能够重新被"投射"到现实世界,这就意味着我们的思想能通过这种方式得到永生。

你可能会敏锐地意识到:如果将人与计算机连接起来,那人岂不是和人工智能非常相似了吗?如果这真的实现了,那么人与机器人则完全不是想象中对抗的关系,同时也超越互帮互助的"朋友"关系,人将与机器人融为一体,人亦是机,机亦是人。

【案例】沐恩AI心理生理测评系统

沐恩AI心理生理测评系统(以下简称"沐恩系统")是一款以AI技术为核心,结合生理学和心理学原理的高科技产品。它采用血流成像技术和视频图像分析技术,能快速检测人体的50多项生理、心理指标。

从技术基础来看,沐恩系统具备先进的分析技术和数据处理能力,元宇宙依赖于计算机图形学、AI、网络通信等技术,两者可以有机结合。例如元宇宙中的虚拟场景构建和人物交互需要大量数据支持和AI分析,而沐恩系统在数据采集和分析方面的能力可以为元宇宙提供更真实的用户生理、心理数据，增强虚拟世界的交互体验。

元宇宙能够根据沐恩系统采集的生理、心理数据，为用户提供个性化的虚拟体验。例如对于内心焦虑的用户，元宇宙可以提供专门的放松场景，帮助用户缓解焦虑情绪。同时，元宇宙可以根据用户的心理素质指标，为用户推荐适合的虚拟培训和挑战，通过提升用户的心理素质来提高用户的心理健康水平。沐恩系统具体的应用场景及功能如下：

· 虚拟现实心理测评。沐恩系统可以在元宇宙中创建沉浸式测评环境，使受测者在虚拟场景中完成测评，提升测评的真实性和准确性。传统的测评方式可能会让受测者感到枯燥和紧张，而在元宇宙的虚拟场景中，受测者可以在自己喜欢的环境中参与测评。比如将测评场景设定为美丽的自然风景或奇幻的童话世界，受测者在放松的状态下进行测评，可能得到更准确的结果。通过与身处虚拟现实中的受测者互动，沐恩系统能够实时捕捉受测者的情绪和行为数据，结合AI算法进行分析，提供更全面的心理评估报告。

· AI驱动的个性化心理干预。沐恩系统可以在元宇宙中创建由AI驱动的虚拟心理咨询师，根据测评结果为用户提供个性化的心理干预和建议，并通过AI实时分析用户在虚拟环境中的表现，动态调整干预策略，提高干预效果。

· 生理数据与心理数据融合分析。沐恩系统能够将受测者的生理数据（如心率、脑电波等）与心理测评数据结合，利用AI进行数据分析，提供更全面的评估报告。

· 健康监测与预警。沐恩系统可以实时监测身处元宇宙中的用户的生理和心理状态，及时发现潜在问题并发出预警信息。

· 虚拟社交与群体心理研究。沐恩系统可以在元宇宙中模拟各种社交场景，研究群体心理和行为模式。这为心理测评提供新的数据来源。沐恩系统还可以在元宇宙中构建虚拟社交支持系统，帮助用户在虚拟环境中获得心理支持、进行社交互动。

·教育与培训应用。沐恩系统可以在元宇宙中为与心理学相关的专业人员和学生提供虚拟培训环境，提升他们的心理测评和干预技能；可以在元宇宙中开展心理健康教育活动，提高公众的心理健康意识。

·跨文化心理研究。沐恩系统可以通过元宇宙平台，收集来自不同文化背景的用户数据，进行跨文化心理研究，提升测评系统的普适性；根据跨文化研究结果，调整心理测评系统，使其更好地适应拥有不同文化背景的用户。

总体看来，说是"看医生"也好，说是"看机器人"也好，我们未来的医疗护理一定离不开科技的力量。

对于医护人员来说，它能帮助医生诊断疑难杂症，把护士从繁重、无趣的工作中解放出来。

对于患者来说，它能帮助居住在偏远地区的人实现"远程看名医"的梦想，在线诊疗平台的建立使得偏远地区的医院能够迅速提升诊疗水平，获得大城市的医疗资源。它还能帮助患者减轻疼痛、提高康复效果，在危急关头挽救转瞬即逝的生命。

对于全人类来说，它又是一剂"长生不老"的灵丹妙药，改变千百年来人类社会的命运。

随着各种"黑科技"在医疗行业的应用，医疗物联网（IoMT）、元宇宙全科医生机器人、远程医疗、医用可穿戴设备、云计算等正在变为现实。

未来，随着技术不断的发展，之前费用较为昂贵的远程医疗变得触手可及。从患者招募到药物开发，元宇宙将全程参与，给人们带来更多的"福利"。新型药物的研发时间将会比之前更短，而且价格也会更低。对于残障人士而言，下一代假肢技术也在进步，这将有助于他们更加容易地恢复到常人的生活状态……这场科技带来的"医疗革命"究竟还能给我们带来多少惊喜？我们拭目以待。

第四节　元宇宙中的学习新天地

唐代思想家、文学家韩愈在《师说》一文中认为教师是负责"传道、授业、解惑"的人。"授业""解惑"比较好理解："授业"指的是传授课业知识、专业技能；"解惑"指的是解答学生的疑惑，现在老师为学生讲解错题，也算是"解惑"的一种。"传道"的含义比较复杂，它既指为学生指明方向、传授道理、引导学生探索真理，又指培养学生良好的思想品德。韩愈把"传道"放在首位，正是重视教师这一职能的表现。大家都说元宇宙将会冲击教育领域，那么元宇宙（目前主要是体现在人工智能）真的能担任"传道、授业、解惑"的角色吗？如果能，那么人类老师该何去何从？

一、元宇宙"解惑"：比老师更高效

我们先开门见山地说一个元宇宙为学生们"解惑"的案例，这个案例发生在美国佐治亚理工学院。有一位计算机科学教授艾休克·戈尔（Ashok Goel），他开设的网络课程非常受欢迎，每学期都会收到超过1万个问题。

他觉得问题实在是太多了，自己无法一一解答，就想办法依托IBM的Watson（沃森）平台创造出了一个聊天机器人，并把这个机器人叫作吉尔·沃森（Jill Watson）。这位机器人是"人工智能"在线课程的九位助教之一。不过戈尔教授想跟学生们"开个玩笑"，他并没有告诉他们这位助教是个机器人。当学生们在网上论坛中提出问题时，吉尔·沃森都能及时地给予学生答复，还能给学生们提供与课程、讲座、作业相关的信息。那么，学生们有没有被"骗"呢？答案是肯定的。戈尔教授在期末考试前揭晓了吉尔·沃森的身份，学生们才恍然大悟。有人觉得吉尔·沃森非常亲切，像个年轻的博士生。有人觉得吉尔·沃森非常称职，甚至还想推选"她"当最佳助教。

吉尔·沃森的成功也离不开研究人员对"她"的训练，他们让吉尔·沃森学习了近4万个在线论坛上的问题。吉尔·沃森也是个非常小心谨慎的机器人，对于一些自己未曾见过的问题，当有97%以上的概率能正确回答时，其才会给出答复。反之，吉尔·沃森就会向其他助教求助，从而确保了给学生解答的准确性。这一事件也给人们提供了一些思路：人工智能可以胜任答疑解惑的角色。

也许有人会质疑："国内的教育主要还是线下的，学生有什么不懂的可以直接问老师，老师也会耐心解答，没必要弄出来一个机器人。"确实，在"解惑"方面，如果人工智能只在时效、速度上有优势，那AI的作用就大打折扣了。实际上，AI不仅能比人类老师更快地为学生"解惑"，而且能从学生的错题里找到他们"潜在"的疑惑，并根据这些错题"因材施教"。"因材施教"不是一个新鲜的话题，孔子就是一位因材施教的老师，我们不妨以此为例，看看2 000多年前春秋时期的圣贤是如何为学生们答疑解惑的。下面这则小故事出自《论语·先进篇》。

子路问孔子:"听到了您说的道理,我遇到事情应该马上行动起来吗?"

孔子说:"你的父兄健在,你怎么能一遇到事情就行动起来呢?"

冉有问孔子:"听到了您说的道理,我遇到事情应该马上行动起来吗?"

孔子说:"你遇到事情就应该马上行动起来。"

公西华问孔子:"子路问'遇到事情应该马上行动起来吗',您说'你的父兄健在,你怎么能一遇到事情就行动起来呢';冉有问'遇到事情应该马上行动起来吗',您回答'你遇到事情就应该马上行动起来'。我被搞糊涂了,想再问个明白。"

孔子说:"因为冉有做事总是退缩,所以我鼓励他。因为子路太过勇敢,所以我约束他。"

子路、冉有都是孔子的学生,但是当他们学而有惑,向孔子提出同样的问题时,孔子却给了他们不同的答复。这可不是因为偏心,而是因为子路太过勇敢,孔子怕他冲动出什么岔子,所以孔子以子路还有父兄在,应先请教为由,指导他行事不可太过鲁莽。冉有行事小心谨慎,孔子则鼓励他尽快行动。孔子非但不偏心,还根据两个人的性格进行了个性化指导,用"因材施教"的方式解答了学生的疑惑。

那么,在2 000多年后的今天,这种"因材施教"还能实现吗?说实话,要遇到一位像孔子这样的老师,实在是太难了。要遇到像子路、冉有、公西华这样的学生,也太难了。此话怎讲?首先,孔子身为一位老师,他了解自己的弟子,也有耐心根据他们的性格特点进行答疑解惑。现在的老师们太忙了,一个班又有四五十个学生,他们不太可能对每一个学生进行个性化指导。其次,现在有很多学生都羞于向老师主动提出问题,不像子路、冉有那么直截了当。这些学生即使听课听得一头雾水,也宁愿回家后在书本中寻找答案。学生在课堂学习过程中留下的疑惑得不到及时解答，越积越多，最后都变成了他们答错题的根源。一道错题可能代表着学生有好几种疑惑，"解惑"变成了"解错题"。我们知道，面对同一份试卷，每个人做错的题都不一样，错误的原因也各不相同。老师在课上讲解错题时，只会讲学生错得多的题目，虽然讲了，却无法帮每位学生分析错误原因。很多学生写出了正确答案，却依然不知道自己错在哪里，更不用说那些老师没讲的错题了。考完试以后，老师还是继续用平常的方式上课，不会根据每位学生的考试情况为他们"私人订制"新的课程。

但是，机器人在这方面就可以做得很好，不仅能发现每个学生的错题，还能根据每个学生各自的错题，为他们制订各自的学习计划，真正做到了因材施教。比如Chatbot（聊天机器人）这种结合了AI技术的线上学习机器人能够很好地找到学生知识结构中的薄弱环节，根据学生在学习过程中产生的疑问，为他们制订个性化的学习计划。在美国的萨米特公立学校（Summit Public Schools），Chatbot已经能进行基础的课程辅导，它能像真的"一对一"老师那样，根据学生对课程内容的掌握能力来调整课程的进度，学生可以按照自己的节奏进行学习，并反复练习自己掌握得不够牢固的知识点，大大减少了错题"滚雪球"的可能性。

国内也有类似的教学方式。我们知道国内已经有很多线上教育平台，但是能做到因材施教的教育平台不多，大多数教育平台还停留在学生观看老师的线上教学视频后完成练习的阶段。实际上，这种学习方式和在校学习区别不大，只是上课时间、地点更为灵活而已。但是当线上教育结合了人工智能，就能更好地发挥出线上教育的优势。人工智能的"长处"在于对大数据进行分析，它能够结合学生的特点，按照算法进行处理。也就是说，通过获取学生的相关数据，它能分析出每个学生的长处、短处，从而让学生进行更有针对性的练习。国内的教育机构在这些方面也进行了一些尝试。松鼠Ai的创始人栗浩洋提出了"智适应教学机器人"的概念，尝试着研发人工智能自适应学习引擎。它能通过人工智能技术来了解学生的学习情况，检测出学生的思维模式与学习方法，并对学生进行测试，找出学生的易错题，再为学生调整之后的学习内容，简直就是为每个学生量身定制了一个AI老师。这听上去好像很厉害，但这真的有效吗？

也许你听说过这样一场教育界的"人机大战"：松鼠Ai与真人老师分别给同等程度的中学生上四天的课，最后来了一场测验。令人吃惊的是，松鼠Ai教出的学生成绩远远超过了真人老师教出的学生成绩，在平均提分上，松鼠Ai以36.13分超过了真人老师的26.18分。人工智能到底有什么"魔力"，能帮助学生提高这么多分呢？其中一个很重要的原因就是松鼠Ai把知识点拆分得很细，通过学生在系统中一步一步测试，松鼠Ai会不断地给出相应的题目，来诊断导致学生做错题的原因到底是出在哪个知识点上。举个例子，比如小明在做英语卷子时做错了一道"代词"相关的题目，松鼠Ai要找出小明做错题目的原因。由于松鼠Ai中的结构化知识图谱划分得很细，那么松鼠Ai就可以检测出来小明是没有掌握人称代词，或是没有掌握物主代词，还是没有掌握反身代词。如果小明没有掌握人称代词，那么松鼠Ai又可以通过题目，测出小明在哪一种人称代词的哪一种用法上存在问题，小明只需要针对这一个小的知识点进行练习就可以了。这样，松鼠Ai给出的题目都是根据每个学生的个体情况量身定制的，每一个学生做的题目都是不同的，生成的学习报告也是不同的。以前，学生在"题海战术"中苦苦练习，却未必能找到自己尚未掌握的知识点。现在，通过人工智能，学生能很快找到自己的问题所在，并能进行相对应的练习，从而确认自己掌握了必备的知识。

在不远的将来，人工智能将真正担起"解惑"的任务。人工智能不仅能直接、迅速地为学生答疑解惑，还能分析学生的错题，并根据学生的情况制订新的学习计划。这种精准查漏补缺的教学方式能将学生从"题海战术"中拯救出来，更高效地"补短板"，这些也正是"上大课"的老师们难以做到的。

【案例】启码未来少儿编程教育

上海励乾教育科技有限公司（以下简称"励乾教育"）由一群具有15年以上从业经验的IT教育专家联合创立，拥有雄厚的师资力量和研发能力。励乾教育引进国际先进的STEAM[①]教学模式，自主研发课件，自主研发线上平台（www.qimaweilai.com），为机构、学生、老师、家长提供全方位的立体服务。

"启码未来"是励乾教育旗下的品牌，致力于成为中国最专业的少儿编程机构及师资培训平台。启码未来实施以成就感驱动发自内在的平等自由主义教育，以未来科技型人才素质模型为导向，锻炼学生抽象逻辑思维，培养解决问题能力及自我学习能力。

启码未来目前在全国各地有300多家合作机构，借助科学的教育理念、雄厚的研发实力和师资力量、专业的科技教育能力，力求让中国青少年掌握人工智能时代必备的编程技能，从容面对未来！

---

① STEAM是Science（科学）、Technology（技术）、Engineering（工程）、Art（艺术）和Mathematics（数学）的首字母组合。STEAM是一种重实践的超学科教育概念。

教育元宇宙可以理解为元宇宙在教育领域的应用，它为老师、学生、管理者等相关者创建数字身份，在虚拟世界中开拓正式与非正式的教育场所。用户可以通过平台入口（手机、计算机），进入虚拟编程教室（线下线上数字孪生），系统推送或者用户挑选一个心仪的数字人编程老师，用户就可以开始编程课程学习之旅了。在学习的过程中，用户和数字人老师一对一互动，数字人老师快速答疑解惑，线下线上"无缝"结合，线下学员线上上课。这就形成了一对一授课的模式，平台有多位数字人编程老师，每位数字人老师可以同时上课，学生可以启动任意一位数字人老师上课，实现了真正意义上的一位老师同时对多位学生"一对一"指导。这就是启码未来少儿编程投入开发元宇宙数字人老师的初衷，让真正的好老师不受时间和空间限制。元宇宙数字人老师进入教育领域，实现真正的数字孪生，"虚拟+现实"世界"无缝"切换。

启码未来编程元宇宙实训基地，结合"5G+教育元宇宙"场景，形成了教育元宇宙试验场景，训练场、实践站、实验室以小、中、大三种规模满足个性化的、前沿的教育场景需求。

二、AI"授业"：更生动的课堂

我们所说的AI"授业"，并不是真的让人工智能给孩子们上课，而是用AI技术来辅助老师上课。孩子们为什么不愿意上学，却更愿意去游乐园呢？因为孩子们觉得上学太枯燥，整天坐在小小的课桌前，对着一张张印刷着题目的试卷，难得可以出去玩的体育课还可能被其他课占用。有的孩子把学校比喻为"监狱"，课业繁重时，他们只能透过一扇扇窗户看外面的世界。那么，如果把学校变成"游乐园",孩子们是否会更愿意上学呢?我们说的"游乐园",并不是让孩子们天天在学校玩耍,而是让孩子们通过"玩"的形式学习课堂上教的基础知识。

想一下,体育课、美术课、音乐课、劳技课、信息课等之所以能被孩子们青睐,其中一个原因就是这些课程的"实操"时间大于凭空想象的时间;历史课、数学课、物理课、化学课之所以令有些孩子"昏昏欲睡",也正是因为孩子们需要花费大量的精力在"想象"上。在历史课上,学生们只知道哥伦布发现了新大陆,却不能跟随他的脚步看到当时的美洲;在数学课上,长方体的切割、拼凑不仅考验学生们的"想象力",还考验"画功";在物理课上,学生们要想象有那么一个毫无摩擦力的平面,还要想象有个小球会不停地滚动;在化学课上,分子与分子之间发生的反应都是靠推理得出的,却没几个实验能做……孩子们的脑袋不停地想啊想啊,有些孩子想着想着就走神了。

但是,有了人工智能,孩子们可以省下不少"想象"耗费的精力,知识变得触手可及。以化学中的元素周期表为例,学生们只需打开MyLab这个应用程序,并戴上微软的HoloLens设备,就可以看到"悬浮"在空中的化学周期表。当学生用手点击虚拟的化学周期表中任意一种自己想要了解的元素时,这一元素的结构就会展现在学生眼前。学生还可以用手拖动这些元素,使之与其他元素发生反应。这就比单纯地背诵"氢氦锂铍硼"生动、有趣多了。同样,VR技术也可以让学生们在虚拟的世界中完成化学实验。虽然日常课程中也有化学实验,但是做实验比较费材料,也有一定的危险性。在VR中做实验,既不危险,也不浪费材料,想做几次实验就做几次实验,而且实验过程就和真的一样。比如"镁的燃烧"这一实验,学生们头戴VR眼镜,通过控制电子手柄,就可以控制两只虚拟的手拿镊子、夹镁条、点燃镁条,还可以看到镁条点燃后放射出的强光和反应的最终产物。

　　说到这里,物理老师可能会很委屈地说:"我们不怕费材料,也不怕有危险,就是场地限制太大。比如说要让同学们直观地理解失重,我们总不可能去太空做实验吧?"确实,很多物理实验都对场地有要求,现实生活中不可能找到绝对光滑的平面,也很难呈现处于失重状态的小球。也许你还记得"神舟十号"宇航员在天宫一号中演示的失重实验,孩子们都感到新鲜、有趣,但是无法亲身体验。现在,孩子们只要戴上VR眼镜,就可以在虚拟的宇宙中做实验,亲眼看到失重的小球;可以在一个虚拟的光滑平面上,看小球一直不停地运动。总之,现实生活中不可能做出或者很难做出的实验,孩子们都可以在VR世界中亲身体验。

　　AR和VR技术不仅能在基础教育教学中使用,也可以在高等教育教学中使用。比如对于医学专业的学生来说,理论知识也是抽象的、无聊的,他们

MyLab VR

需要花费大量的精力去"想象"器官的构造。但是当他们戴上一个头戴式显示设备就可以在虚拟空间中看到器官的三维教学模型，将三维教学模型与所学知识关联起来，死板的知识点顿时变成了可触摸的立体形象。动脉、静脉、心脏等的细节可以被放大好几倍。通过手中抓着的手柄，医学生还能看到各种器官的介绍，这种学习方式比传统的学习方式更加生动，医学生对这些理论知识也更容易掌握。

除了理论知识，目前的临床模拟教学主要是围绕塑料人体模型、捐赠遗体的方式开展的，而人体模型毕竟只是模型，不仅成本高，教学过程也不够灵活。捐赠遗体比人体模型更加真实，但同时也更加稀缺。如果将AR和VR技术引入医学教学，医学生就能够从不同的角度来观察虚拟的人体，分离结构，并能够对细节部分自由缩放。这样不仅降低了教学成本，而且提高了学习效率。爱尔兰的3D4Medical（三维医学）解剖学教育公司就推出了Project Esper（埃斯珀项目）的AR应用，能够利用AR技术进行解剖教学。用户不仅可以利用AR设备的手势识别系统操纵虚拟的人体三维模型，而且能看到头部骨骼解剖的立体影像，还能观察头部不同位置的横截面。

对于医学生来说，他们的"课堂"不仅在教室里，也在医院里。医学生会进入医院观摩有经验的医生做手术。但即使他们有观摩手术的机会，观摩人数也会因为手术室的消毒标准而有所限制，站在后排的学生根本看不清手术的进程。不仅如此，有些难度很大的手术可能不会让学生观摩，虽然这是为了病人的安全着想，但手术难度越大，就越需要学生近距离地学习。这种矛盾该如何解决呢？手术转播固然是一种方式。但以往微创手术转播只能让人看到内窥镜下的图像，无法看到手术室中的整体情况，而且学生只能在一个固定的角度观看，无法全方位地把握手术技巧。

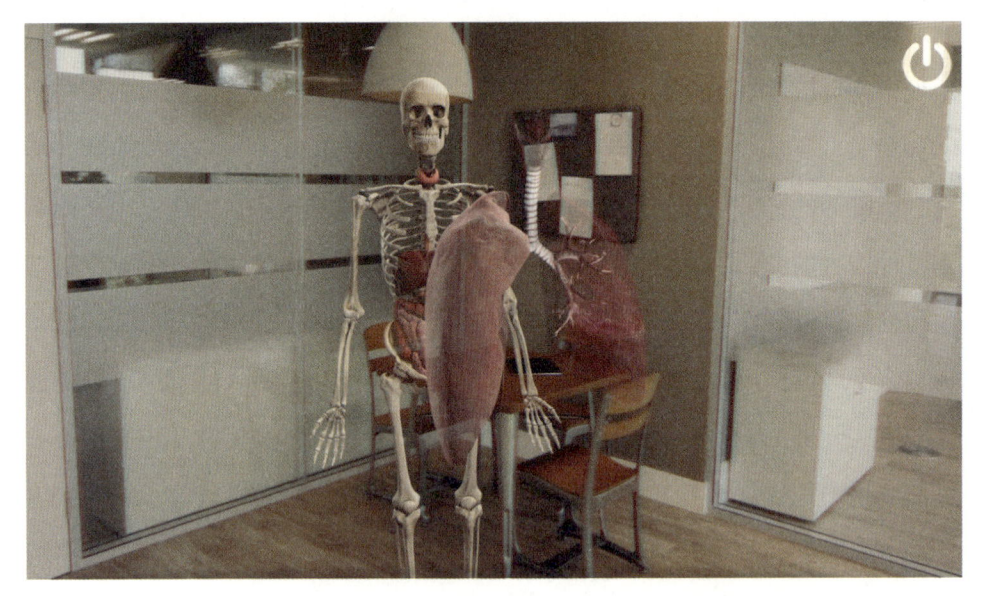

Project Esper应用，通过AR头显看到的虚拟骨骼与器官

　　也许VR直播对手术教学更有效。早在2016年，瑞金医院就利用VR直播技术帮助学生身临其境地观摩医生实施3D腹腔镜手术。有了VR直播，学生只需要佩戴好VR眼镜，转动头部，就可以全方位地看到手术室中主刀医生、助理医生、麻醉医生以及护士在手术中的情况，还能通过画面选择，切换到主刀医生的视角来观看手术。不过，"光看不练假把式"，仅仅观摩是不够的，观摩的体验再真实也比不上一次实际操作。瑞金医院正在朝这一方向努力，满足学生进行虚拟手术培训的需求。

　　芝加哥的VR医疗公司Level EX（专业水准）研发了一款名为Airway EX（呼吸道专家）的虚拟手术训练应用。这是一款为麻醉医师、耳鼻喉科医生、急诊医生等设计的外科手术模拟游戏。这款游戏可以为医学生提供在按照真实病患案例设计的虚拟患者身上进行18种不同的虚拟手术的机会，而且虚拟患者会像真实的情况那样做出反应，如咳嗽、流血等。不过，既然是虚拟的，那么医学生就可以反复练习，失败了也没关系。这无疑将提升医学生的熟练度，为将来真正站上手术台做好准备。

无论是基础教育还是高等教育，当课堂与AR和VR结合起来以后，学生们的学习积极性无疑将被激发。上学可能不再是一件令人痛苦的事了，将来家长、老师不用再逼着孩子们专心学习，孩子们自己就会戴上AR/VR设备，用手脑结合的方式轻松、有趣地学习。

三、"传道"依旧是人类老师的特权

看完前面的内容，可能会有老师诉苦："现在什么工作人工智能都能'插一脚'，还要我们老师有什么用？"人工智能会抢走老师的饭碗吗？我们先来想想，在过去的年代中，计算机、互联网的普及对老师有什么影响。乔布斯曾提出了一个著名的"乔布斯之问"："为什么计算机改变了几乎所有领域，却唯独对学校教育的影响小得令人吃惊？"对于这一点，很多人都有切身体会。20年前的学校和现在的学校相比，好像也没什么大变化。除了教室里多了几块电子屏幕，学生们多了一点网上的家庭作业，考试题目根据考纲有些变化以外，学校教育依然和原来差不多，没有一个老师会因为计算机和互联网的普及而失业。那么，AI的普及会撼动老师的地位吗？英国广播公司（BBC）基于剑桥大学研究者的数据体系分析了多个职业未来"被淘汰"的概率，高居榜首的有电话推销员、打字员、会计，而老师"被淘汰"的概率只有0.4%，几乎是AI无法撼动的"铁饭碗"。

看来这几十年间，老师几乎都是捧着"铁饭碗"的。但是这个"铁饭碗"到底"铁"在哪里？人工智能时代和互联网时代可不一样。互联网时代到来时，国内的教育是"换汤不换药"，老师依旧可以按照以往的方式组织教学，只不过多了一些"高科技"工具。人工智能时代到来时，如果老师按照以往的方式组织教学，只把AI当作辅助工具，那么这"铁饭碗"就不那么"铁"了。前文已经介绍，AI可以答疑解惑，帮助学生很好地吸收知识，完成巩固测验，甚至比老师能更好地帮助学生提高学生成绩。从这个角度看，老师没有丝毫优势。但是，老师的工作远不只是"授业"和"解惑"。细心的读者会发现，我们还剩"传道"没有讲。我们之前提到的栗浩洋先生就指出，在未来，老师在教学过程中的作用会降到20%，主要承担沟通、育人的工作。这项工作，实际上就是"传道"。在人工智能时代，老师的"铁饭碗"就"铁"在"传道"上。在前文中，我们讨论了"传道"的内涵：既指为学生指明方向、传授道理、引导学生探索真理，又指培养学生良好的思想品德。AI只能做一些机械的、有规律的工作，至于"传道"，就无能为力了。教育不仅仅要传授知识，更要培养学生的道德品质、人文精神，"传道"远比"授业"更重要。可惜的是，"传道"不被人们所重视。当然，这也不能怪老师。老师受到繁重的工作限制，根本无暇顾及"传道"。以考试阅卷为例，校园里曾经流传着这么一句话："考考考，老师的法宝；分分分，学生的命根。"确实，为了检测学生们的学习效果，考试是不可缺少的，但也是最令人头疼的。不仅学生头疼，老师也头疼。老师不仅要加班改卷，而且批到后面可能就会两眼昏花、手腕酸痛，难免会出现批错的情况。尤其是语文老师，批阅学生的上百篇作文简直就像是"酷刑"。AI则能将老师们从"苦海"中解脱出来，帮助老师们阅卷。我们知道，现在的考试中的客观题已经可以交由机器进行批改了，而如果要实现真正的"AI阅卷"，难度就在于主观题的批阅工作。

如今，AI对主观题的评阅能力也有了很大的进步。教育部考试中心主办的核心期刊《中国考试》在2018年第6期刊载了一篇文章，名为《人工智能评测技术在大规模中英文作文阅卷中的应用探索》，介绍了对AI批阅语文、英语作文的能力的测评情况。结果表明，AI阅卷水平基本符合评卷的要求。有的读者可能会产生疑问：AI没有很好的阅读理解能力，怎么就能评出作文的好坏呢？其实，AI评分与是否"理解"作文无关。我们知道，中小学考试作文和文学作品不一样，考试作文是有一定的评分标准的，阅卷老师根据这些评分标准来给作文打分。AI也一样，它先对专家评分样本进行深度学习，然后生成评分模型。比如，最基本的要求是不能有抄袭、错别字、字迹潦草等情况。AI的"火眼金睛"一下子就能发现学生作文中的这些问题，并会按照相应的标准进行扣分。得分高的作文通常具有流畅、切题、严谨、立意好、文采好、首尾呼应等特征，AI则会通过提取关键字等方式提取作文的特征，检测词汇的丰富程度、句子是否通顺、是否离题、立意是否高远等。同时，这一评分模型在评分的过程中从头到尾都是一致的，不会因为评阅者的个人喜好、疲惫程度而变化，更加客观公正。如果AI阅卷得以实现，那就可以大大减少老师们在这方面投入的精力。

老师从批卷、改作业这些繁重的工作中解脱出来以后，就更能发扬"传道"精神。

首先，从引导学生探索真理这一角度来说，老师能培养学生的"创新性"，就是培养学生的创造力与想象力，让学生保持旺盛的好奇心，而好奇心就是打开真理世界大门的钥匙。要让"中国制造"变成"中国创造"，就要从培养创新型人才做起。因此，我们要让孩子们少花一些精力在死记硬背上，多尝试一些新鲜事物。IBM的前首席执行官罗睿兰（Virginia Rometty）认为，美国教育必须进行彻底改革才能应对"人与机器共存时代"的到来。在国内，马云也曾说："未来30年是最佳的'超车时代'，是重新定义'变革'的时代。如果我们继续以前的教学方法，对我们的孩子进行记、背、算这些方面的教育，不让孩子去体验不同的事物，不让他们去尝试琴棋书画，我可以保证，这些孩子30年后找不到工作。"《纽约时报》著名专栏作家托马斯·弗里德曼提出了一个公式：CQ+PQ>IQ，CQ代表着好奇心商（Curiosity Quotient），PQ代表着热情商（Passion Quotient），IQ就是智商（Intelligence Quotient），可见他多么重视好奇心和学习热情。他认为学生应多多开发主导创新的右脑，而不是强调理性的左脑，因为即使左脑被很好地开发了，也很难比得过计算机。由此看来，老师担负着培养学生创新能力的重担。在AI进入教育领域之前，老师大部分的时间和精力被批改作业、阅卷、灌输知识等机械性工作占据，而"AI助教"出现后，老师省下的精力就可以用在培养学生的创新能力和创新意识上了。培养学生创新能力的前提是老师们自己也得有一定的创造力。曾任以色列教育部部长的夏伊·皮隆认为，优秀的老师应当"给每个学生话语权，让他们可以开诚布公地发表看法"，"会讲故事，能把枯燥的学科内容表述得生动有趣"，"能引导学生连接历史、现在与未来，激发他们的思想"，而这些都是AI无法传授给学生的。

其次，从培养学生良好的思想品德这一角度来说，老师发挥着至关重要的作用。著名教育家、思想家陶行知就曾说："千教万教，教人求真；千学万学，学做真人。"寥寥数言就点出了老师教学的最终目标：教育学生成为真诚、诚信之人。也就是说，老师应当为学生们树立正确的价值观，引导学生认识社会、认识自我，使他们能成为一个"人"。AI在这方面有何局限性呢？

按照我们的理解，AI并不具备心理属性，也不具备主动社交的能力，要它去分析学生的所思所想，目前看来是非常难的，同情心、共情能力等是它无法理解的，所以它无法把这些教给学生们。因此，培养学生"人文精神"的任务必须由老师来承担。在人工智能时代，人文教育变得尤为重要。苹果公司CEO蒂姆·库克在麻省理工学院发表演讲时指出，他并不担心AI是否将代替人类，也不担心AI是否能让计算机拥有人类那样的思维能力，他担心的是人类将会像计算机那样思考问题——摒弃同情心和价值观，并且不计后果。总结来看，他的观点是科技必须为人性服务，如果人类的"人性"消失了，那么科技发展的意义将不复存在。在机器人毁灭世界之前，我们不能先毁灭了自己的文明。因此，未来的老师需要更重视人文教育，将学生培养成真正的"人"，而非"行走的答题机器"。

概括看来，AI能把"授业""解惑"做得很好，不仅能高效地解答学生们的疑惑，还能让学生们用更生动的方式学习知识。但是AI进入教育领域，并不是要成为老师的对手，而是要成为老师的帮手，甚至还能重构教育的过程。美国著名哲学家、教育家约翰·杜威曾说："以昨日之法，教我们今天的孩子，将使他们失去明天。"过去的教育理念是"知识就是力量"，而人工智能时代的教育理念应当是"创造知识才是生产力"。对于孩子们来说，这可以让他们更加快乐地进行发明创造；对于老师来说，这可以让他们从重复而繁重的工作中解脱出来，给他们更多时间去实现老师真正的价值——"传道"，这一点正是AI无法做到的。唐代的韩愈就将"传道"视为老师的第一要务，经历了上千年，我们是否还能传承这个"古学者之师"的教学传统呢？

第五节　元宇宙引领旅行新趋势

有人幽默地说："旅游就是从自己活腻的地方到别人活腻的地方。"但事实上就是这样，人们普遍"喜新厌旧"，长久地待在自己熟悉的环境中总是会有"腻"的感觉。人们喜欢体验新鲜、陌生的人文环境和自然景色，甚至陌生的行为方式以及新奇的风土人情。这也符合经济学中的边际效用递减规律。

一、元宇宙带来"沉浸式体验"

元宇宙给游客带来的"沉浸式体验"，绝不是单纯地停留在文字、图片和声光电等物理层面，元宇宙能实现线上多人同时游览一个景区，在虚拟空间中自由互动，甚至自由创造出一个完整的虚拟景区，构建全新的文明社区。

这样一来，很多人会好奇：元宇宙和实体景点应该是一种替代关系，都进入元宇宙了，游客们还会去实体景点游玩吗？但事实并不是那么简单的。去上海迪士尼乐园游玩过的人都知道，"飞越地平线"是上海迪士尼乐园中最吸引人的项目之一。游客在体验这个项目时，只要戴上头显设备、坐上摇椅，就可以体验到进入另一个世界的感觉，真有身临其境、腾云驾雾的感觉。在短短十分钟内，游客可以上山入海游历十几个世界著名景点：南极、金字塔、长城、非洲草原、上海、泰姬陵等。在飞过泰姬陵时，游客会闻到花香；在经过非洲大草原时，游客会闻到浓浓的青草味，甚至会被大象甩一脸土；在飞过冰山时，游客会感觉快要撞上去了。

"飞越地平线"超长的排队时间并没有影响迪士尼乐园的客流，反而激发了游客体验该项目的热情！类似"飞越地平线"的项目在其他地方也有，但并没有迪士尼乐园这般火爆，这是元宇宙虚拟场景与实体景点互相融合的一个例证。

元宇宙突破传统旅游"时"与"空"的局限，让用户体验高度参与感和补偿感。元宇宙构建的虚拟空间以及沉浸式体验的基本特征，与当下文旅行业的发展方向不谋而合。文旅行业向数字化转型是大势所趋。

总体上说，元宇宙会在"虚拟性""沉浸式""连接性"方面让游客拥有超出以往的体验，重新定义和改变游客的消费习惯。

二、元宇宙文旅项目现状

1.国内的元宇宙文旅项目

现在，类似上海迪士尼乐园"飞越地平线"的项目在全国并不少见。以下就是全国各地的一些元宇宙文旅项目。

（1）2021年，海南海昌海洋公园和Soul（灵魂）APP举办了"海底奇幻万圣季——打开年轻社交元宇宙"主题活动。

此次活动通过分享"万圣社恐星球测试"赢取公园门票、使用AR贴纸合影、"搞怪"获取"万圣灵魂派对"入园资格、乐园"盲盒"缆车惊喜互动等线上线下联动的玩法，为游客带来了沉浸式、场景化的社交新体验。

（2）2022年元宵节期间，无锡拈花湾AR"灯光秀"视频在"拈花湾"微信视频号平台发布之后的24小时之内，转发量就突破了10万次，点赞量突破了5万次，在各平台、公众号收获的累积转发及点赞量达数十万次。

（3）2022年元旦期间，青岛电视塔AR元宇宙灯光秀，观看人数破5 000万，转发量突破890万，成了现象级的传播事件。

无锡拈花湾AR"灯光秀"

（4）2021年11月被列入"国家旅游科技示范园区试点名单"的西安大唐不夜城高调宣布，将打造历史文化元宇宙项目。另外，曲江文旅旗下的大唐不夜城与太一集团联合打造了全球首个基于唐朝历史文化背景的元宇宙项目"大唐·开元"。这就像一个通往数字"虚拟世界"的工具，不管身在何处都可以在"大唐不夜城"游览娱乐。

（5）广东励丰文化于2021年9月提出了面向消费者的产品——"404元宇宙"的品牌矩阵，及以赛博朋克为主体的娱乐文化综合体。其使用赛博朋克文化中具有视觉冲击的符号元素，以科学和艺术融合的表现手法，包含了近年来众多的小说、电影、游戏经典科幻IP（Intellectual Property，知识产权）内容，将其融入文旅场景之中。"404元宇宙"用丰富、新奇的业态为当下的"Z世代"消费群体提供不一样的消费体验。时空旅行沉浸影院是"404元宇宙"品牌布局的招牌业态之一，深受观众欢迎。它通过"5G+"和裸眼3D、机械动感等前沿技术，结合精细化的内容制作，实现真实的体感、触觉、嗅觉、听觉和视觉的沉浸式全感官刺激与体验，让观众乘坐时空旅行专列穿越时空、融入角色、忘却自我，感受山崩地裂、沧海桑田、斗转星移、古今文明变化带来的震撼、惊奇与刺激的体验，成为文旅的新潮"爆点"。

2.国外的元宇宙文旅项目

国外也有很多元宇宙文旅项目。我们来看下面这些案例。

（1）迪士尼布局元宇宙。2021年11月16日，迪士尼CEO鲍勃·查佩克（Bob Chapek）在一场对谈中暗示元宇宙将是迪士尼的未来。他称迪士尼乐园加上"Disney+数字平台"使该公司具备了非常强大的元宇宙构建能力，"这种三维画布有望以一种具备凝聚力、不受束缚的方式将物理世界与数字世界整合起来，从而将极大地解放创造性思维"。

迪士尼将打造沉浸式乐园，曾任迪士尼乐园体验和产品（DPEP）数字与全球首席执行官、执行副总裁的提拉克·曼达迪（Tilak Mandadi）表示："我们乐园讲故事的方式一直在演变：从经典的、线性的故事，到互动的故事，再到沉浸式故事。迪士尼邮轮的原创舞台剧《冰雪奇缘》将传统的剧院技术与最先进的技术相结合，运动追踪视频图形与大型移动布景的结合创造出艾伦戴尔王国这个冰雪世界，使游客沉浸在电影《冰雪奇缘》描述的世界中。"

沉浸感不单体现在感官的真实性，互动性也是重要的一环。关于"元宇宙"在增强迪士尼乐园讲述故事方面发挥的作用，提拉克·曼达迪总结道："元宇宙允许人们扮演既定的角色，甚至可以做自己，在整个故事中为自己创造角色，给故事增添新角色。这是元宇宙实现个性化的关键。"

《玩转迪士尼乐园》是迪士尼推出的一款反向增强现实的游戏，身处迪士尼乐园的游客需要跟身边的家人或朋友一起完成任务，根据蓝牙信标的设置，借助手机摄像头激活周遭隐藏的AR元素，比如在排队等候乘坐太空飞船时，可以看见火箭飞过头顶等。

（2）"韩国旅游宇宙平台"。2021年11月12日，韩国政府召开第6次国家旅游战略会议，敲定《旅游产业复苏及再跃进方案》。根据这个方案，韩国政府将推进元宇宙等虚拟旅游与实际访客智慧旅游的"双轨"体系，涵盖开发与"防弹少年团"等全球人气文创内容相结合的旅游产品，并开发数字景点，以及构建融合韩国主要景点、人气影视剧取景地等的"韩国旅游宇宙平台"。其中，韩国的仁川开放港是第一个创建智能旅游城市的选定区域，通过建设智能生态系统和环境来发展智能旅游城市。

仁川开放港设计了AR Incheon（增强现实仁川），这款AR服务通过智能手机提供单向互动内容。例如，景区提供AR导航服务和AR地图，游客能够根据历史人物的指引，"穿越"回该景点的重要历史时刻，饱览当时的风土人情。此外，景区还推出了一款名为《仁川行动》（*Operation Incheon*）的游戏，向游客提出游戏任务，以有奖参与的方式增加旅游的吸引力。

仁川还制定了"VR/AR产业中长期发展战略"，以推进和发展本地内容产业，并推出"仁川VR/AR制作支持中心"。据悉，该中心支持内容开发，免费提供AR和VR设备，培养专业人才，并通过产学研合作，孵化拥有商业价值的内容的公司。

（3）2022年9月，沃尔玛在Roblox推出了沉浸式元宇宙体验服务，打造了Walmart Land（沃尔玛大陆）和Walmart Universe（沃尔玛宇宙），让顾客参与互动虚拟空间。

（4）2023年3月，日本京都推出了虚拟旅游项目，用户可以通过VR设备参观京都的著名景点，如清水寺和金阁寺，并体验传统的日本文化活动，这提供了远程旅游的新方式。

（5）截至2023年6月，国际足联（FIFA）已提交九项与元宇宙相关商标申请，涉及VR游戏、虚拟服装和鞋类、娱乐服务等方面。FIFA进入元宇宙领域的举措表明了体育组织适应和探索新兴技术发展趋势。通过提交与元宇宙相关的商标申请，FIFA可能正计划在虚拟空间中扩展其品牌和产品，这可能包括虚拟赛事、互动体验、粉丝参与平台以及其他与足球相关的数字产品。

在元宇宙中，FIFA可能会开发以下六方面的应用：

① 虚拟赛事：通过虚拟现实技术，球迷可以体验身临其境观看足球比赛的感觉，甚至可能参与虚拟的世界杯或其他国际比赛。

② 互动体验：FIFA可以创建互动式的训练程序，让球迷在家中就能模拟专业球员的训练，或者通过游戏化的方式体验足球技巧和战术。

③ 粉丝参与：元宇宙为FIFA提供了一个新的平台，让全球球迷能够更加紧密地参与足球社区活动。

④ 数字藏品和NFT：FIFA可能会发行数字藏品，如NFT形式的球星卡、纪念品或者具有代表性的比赛瞬间的画面，为球迷提供独一无二的数字资产。

⑤ 品牌合作：在元宇宙中，FIFA可以与各大品牌合作，创造新的商业机会，比如虚拟商品的赞助和广告。

⑥ 教育和培训：FIFA可以利用元宇宙提供虚拟的教育和培训资源，包括足球技巧教学、战术分析等。

FIFA的这一举措也反映了体育行业对元宇宙潜力的认可，以及对数字化转型的积极态度。随着技术成熟和用户对虚拟体验需求增长，我们在未来可能会看到更多体育组织和赛事进入元宇宙，为全球体育迷提供全新的体验方式。

文旅行业在元宇宙热潮中发现了机会。从文旅行业的角度来说，元宇宙是一种多元维度的体验，是互联网时代升级到物联网时代的一个寻求突破的端口。文旅行业非常希望能够拥抱元宇宙，从而开拓文旅消费新空间。如何用元宇宙赋能文旅行业，也成为当前的热门话题。

文旅行业与元宇宙的联系非常紧密，元宇宙也将影响到旅游活动的六大要素：食、住、行、游、购、娱。元宇宙中的重要消费方式也必将体现在场景消费和体验消费之中。

元宇宙在赋能旅游业上展现出了巨大的潜力，但元宇宙并非复苏和发展旅游业的"捷径"。相反，元宇宙将对旅游业的景观建设和内容制作提出更高的要求，而旅游业在技术层面上也需要加大投入力度。

独特的景观、历史、文化是景区的核心竞争力。无论是传统旅游业还是元宇宙旅游业，基础工作如景观修复、打造文化内涵等都是发展旅游业的核心。

打造特色数字文旅IP，发行数字藏品的路径要求丰富内容生态、挖掘文化内涵，数字藏品的形态和销售渠道同样也需要进一步开发和探索。

结合元宇宙发展旅游业需要增加底层支持构架的投入，如搭建智慧化云平台，发展VR和AR等技术、全息沉浸式技术，以及建设镜像景区等。

政府需要因地制宜促进旅游与产业结合，根据景区的资源，主动寻求与零售、教育、游戏等多种产业结合，多方位提升旅游产业的商业变现能力。

当然，引用"元宇宙率"的说法，每个元宇宙文旅项目的"元宇宙率"也是各不相同的。很多元宇宙文旅项目只是简单地把实体景点用VR和AR等技术手段"元宇宙化"，而有些文旅项目已经深入挖掘景点的新内容了。

三、元宇宙为沉浸式文旅指明方向

元宇宙对于整个沉浸式文旅来说，影响明显而又直接。元宇宙离不开能够营造高度沉浸感的科技，能够为文旅行业提供专业的技术支持和创意方向。这有利于推动4D影院、多媒体、球幕、VR等各类旅游游乐体验产品升级和换代，也会极大促进和丰富沉浸式文旅产品业态的内容。对于沉浸式景区来说，元宇宙具备很强的示范意义，元宇宙和沉浸式景区在概念、发展前景和机遇等方面有相似的发展特征。

单从为人们提供体验性产品的角度来分析，元宇宙通过场景营造和数字设备提供虚拟场景体验，引发人们的生理性情感反应，这些都可以在沉浸式景区的产品内容生产上得到充分运用。因此，无论是从宏观角度看还是从微观角度看，元宇宙都为沉浸式景区指明了发展方向。

元宇宙可以加快展会在线化进程，提升在线会议的体验。美国国际数据公司（International Data Corporation，IDC）发布的《2023年IDC中国视频会议与协作市场跟踪报告》显示，2023年全年，中国视频会议市场规模达到9.2亿美元（约合64.9亿元人民币），市场规模同比下降2.7%。IDC预测，硬件视频会议设备市场在未来五年保持5.6%左右的复合增长率；云会议市场未来将继续保持中速增长。但目前在线会议和展会存在沟通不同步、效率低，缺乏现场感、仪式感、沉浸感，参会容易出现精神疲劳、注意力不集中等问题。元宇宙技术的应用可根据用户上传照片，快速生成参数，高度还原参会者特征以及表情和动作变化，提升参会的真实感。

元宇宙可以拓展购物场景，"沉浸式购物"有望加速发展。目前，无论是淘宝、抖音的商品介绍还是小红书"种草"，都是消费者浏览平面的图文和视频，体验感较差。未来元宇宙技术可能产生新的电商形态，把线下的街区复刻到虚拟空间，让用户在虚拟世界逛街，并通过用户的虚拟形象实现试穿服饰、试用商品等。

元宇宙为各类体验业态打开了成长空间。元宇宙带来的极致沉浸交互体验，为打造景区、酒店等相关的内容带来更大的想象空间。例如时下流行的"旅游+电竞"，其核心竞争力就是"内容"，元宇宙能够为实体目的地（景区、酒店等）和"电竞"创造更多的结合点，提升文旅产品的吸引力。同时，通过内容生产系统和玩家系统建设，玩家不仅能体验企业提供的内容，参与互动，还能自己创作，自由生产和交易虚拟物品。

元宇宙颠覆传统旅游产业链，为消费者参与产品设计、研发创造了有利条件，生产者和消费者的界限将逐渐模糊。现实场景虚拟化，将大大降低试错成本，同时提升消费者参与景区设计的程度。传统的景区设计由规划公司提出方案、专业公司实施运营。由于景区开发属于重资产投资，一旦开始施工，修改方案的成本就会很高，因此景区设计主要依靠规划公司的经验，很少让消费者参与。未来，如果元宇宙技术能广泛应用，景区投资方可以先在虚拟空间中进行景区开发，消费者参与景区设计、开发的门槛将大大降低，现实场景打造可以按照虚拟场景的最优方案来实施，生产者和消费者将进一步融合。

元宇宙催生新的营销手段。目前的营销手段中很重要的一个方式是口碑营销。由于景区、酒店等推广工作主要依靠展示图文、视频，给消费者提供的体验有限，消费者往往通过其他消费者的评价等来决定自己的选择。同时，旅游景点通过发行数字藏品——基于区块链技术存证的数字资产，也能在一定意义上促进景区品牌传播，提升景区收入，完成跨界资源整合。区块链技术、AR技术、VR技术等元宇宙底层技术的应用，可以让消费者先体验虚拟景区，了解各个细节，再决定是否前往。景区、酒店的营销推广将更多依赖自身的虚拟空间建设。

元宇宙还可以丰富旅游职业培训场景，提升培训的代入感和体验感。VR等技术在飞行员的培训中已得到广泛应用。一些极端天气情况和突发事件在现实中很难遇到。VR技术可以模拟这些极端情况，让飞行员进行操作训练，提升其应对突发事件的能力。同样，旅游行业的培训中也可以使用元宇宙的相关技术，这样一方面可以提升培训的体验感，另一方面也可以模拟特定的场景，提高参训者临机处置、解决问题的能力。

四、"元宇宙"在文旅业的可能布局

毋庸置疑的是，元宇宙拥有广阔的前景。对于文旅行业来说，元宇宙是打破旅游时空观的媒介，更像是主题文化的虚拟体验地。这一方面可以帮助景区更好地将其主题文化根植在用户心里，进而转化为文化产品，另一方面也可以激发和衍生出更多意想不到的内容，满足客户多元化的需求。

随着技术的发展，元宇宙概念逐渐普及、完善，除了让游客留下印象的沉浸式体验以外，让交通、住宿、餐饮、门票等平台能够更具个性化地进行整合，也将是元宇宙的重要作用。

同时，任何与体验或购买相关的行为，都可与元宇宙关联起来，例如让旅客提前看客房或是检查床单。就连真正在度假的人可能也会去元宇宙解决问题，比如在客房点餐，购买、升级目的地体验产品，或者向经理投诉。

旅游业还可能面临的一个重要变化是元宇宙对员工体验的影响。如果在元宇宙里，员工可以远程开会，处理现实世界里的事情，如通过机器人备餐、借助全息影像陪同游客逛博物馆，那酒店就可以聘生活在新西兰的人管理一家位于美国纽约的酒店。

从旅游的角度来说，元宇宙可以让人们在家中体验全球著名景点。不过，这还远远不够，目前元宇宙中的大多数旅游项目都是静态和预先定制好的供"单人"体验的项目。在未来的元宇宙中，旅游是可以支持多人共同体验的，几个朋友可以在虚拟世界中一起游览景点。去哪里旅游不重要，和谁一起进入元宇宙才是人们首要考虑的事情。

在当今时代背景下,无论是酒店、景区、影视基地、古镇还是邮轮,这种依托项目既有空间形态加持的沉浸式体验模式,打开了文旅场景运营的新思路。元宇宙将会打破时空限制,极大地增强各地旅游景区的趣味性和沉浸感,人们无须前往人山人海的景区就能感受各地的美景。

第三章

元宇宙经济体系

第一节　元宇宙经济入门

元宇宙经济有望对全球经济产生重大影响。随着虚拟现实和增强现实技术的不断发展，元宇宙中的数字经济有望蓬勃发展。这一新兴领域为经济增长和创新提供了令人兴奋的机会。

元宇宙经济的主要优势之一是能够在全球范围内促进去中心化交易。通过运用虚拟货币和其他数字资产，个人和企业可以采用更加开放和去中心化的方式参与经济活动。这不仅为价值创造探寻了新的途径，而且实现了跨平台操作，允许用户在不同元宇宙平台之间无缝交易和协作。

元宇宙经济具有巨大的增长潜力。随着越来越多的用户进入虚拟世界并探索各种可能性，元宇宙有望成为一个繁荣的生态系统。从虚拟房地产开发到游戏和社交体验，元宇宙为个人和企业提供了多样化的参与经济活动和创造价值的机会。元宇宙经济的增长点可能是元宇宙与现实世界的整合程度增加、新的元宇宙工作机会和银行系统出现，以及虚拟商品和服务进步。

元宇宙经济有可能重塑我们在数字时代对金钱和商业的看法。随着元宇宙中数字经济的不断发展，它将带来新的商业模式、就业机会。

一、元宇宙经济是虚拟世界的生意

元宇宙经济可能会改变货币的未来。它提供了去中心化的模式，为用户提供更多自由和控制权。在元宇宙中，个人有能力创建和交易虚拟资产，例如数字货币、NFT和其他虚拟商品。这构建了一个虚拟经济体系，可以在全球范围内无缝进行交易。

元宇宙经济的主要优势之一是明确和保护数字资产所有权，个人可以拥有虚拟土地、虚拟艺术品和各种游戏内物品。明确和保护数字资产所有权是通过区块链技术实现的，区块链技术提供了一个安全透明的系统。用户拥有和交易这些虚拟资产，这在元宇宙中创造了一个繁荣的虚拟商品市场。元宇宙经济不仅是虚拟世界中的交易和商业活动，还是全新的经济模式，融合了多种先进技术，如虚拟现实、增强现实、区块链、人工智能等，构建了一个与现实世界平行的虚拟空间。

研究者将元宇宙视为一个技术集合体，它基于区块链、人机交互、电子游戏、人工智能等多种技术。这些技术的结合不仅创造了一个虚拟空间，而且预示了一种新的社会和文明形态。元宇宙的核心是构建一个沉浸式的3D环境，让用户在其中体验到与现实世界相似的互动感和参与感。

元宇宙经济体系代表了一种全新的经济模式，具有以下五大特点。

第一，创新性：元宇宙经济体系利用了最新的技术，如AI、VR/AR等，这些技术为经济活动提供了新的可能性。

第二，互动性：元宇宙提供了一个可以沉浸式体验的环境，用户可以在其中更加自然和直观地互动。

第三，全球性：元宇宙经济体系不受地理位置限制，可以跨越国界，实现全球范围内的经济活动。

第四，去中心化：去中心化的特点使得元宇宙经济更加开放，每个人都有机会参与元宇宙建设并做出贡献。

第五，持续性：元宇宙经济体系中的活动是持续的，不受现实世界时间的限制，为用户提供了不间断的经济活动空间。

元宇宙经济体系的五大特点

与传统经济不同，元宇宙经济强调经济活动的数字化。它包括数字产品创造、交易、消费等所有在虚拟世界中进行的经济活动。这种经济形态的显著特征是虚实融合，即虚拟世界与现实世界相互影响和映射。这种融合不仅改变了经济活动的形态，也为传统行业提供了新的增长点。

元宇宙经济有三个关键组成部分。

第一，虚拟世界：虚拟世界是用户交流互动的数字环境，用户可以与其中以数字化身形式出现的数字对象进行交互。例如Decentraland、Cryptovoxels

（加密体素）和《第二人生》，用户可以在其中购买、出售和拥有虚拟土地、建筑物和资产。

第二，数字资产：数字资产代表独特数字物品的所有权或相关权利，例如虚拟土地、数字艺术、收藏品和虚拟商品。NFT是典型的数字资产，NFT在虚拟世界和基于区块链的市场上交易和交换，从而实现所有权和来源验证。

第三，加密货币：加密货币作为虚拟世界中的原生货币，促进交易、支付和经济活动。以太坊（ETH）、Decentraland的MANA币（魔力币）和《轴心无限》的AXS币（轴心币）等加密货币用于交易数字资产和服务。

元宇宙经济体系是倾向于去中心化的。区块链技术发挥了重要作用，它提供了一个安全、透明且不可篡改的交易记录，为虚拟财产的所有权和交易提供了保障。

元宇宙经济体系代表了一种全新的经济模式，具有创新性、互动性、全球性、去中心化和持续性等特点。元宇宙经济体系利用了最新技术，为经济活动提供了新的可能性。元宇宙中的经济系统设计和运作涉及多个层面，包括独立的经济体系、原生货币、数字资产、数字货币、数字创造、数字市场等。元宇宙拥有独立的经济体系和原生货币，这个经济体系以法定货币为基础，拥有以平台中心化方式控制的内部流通货币。用户的经济活动可以在实体空间与虚拟空间之间无缝切换，包括赚钱、消费、借入、借出、投资等。

在元宇宙中，经济的运作方式和现实世界存在一些不同之处，这可能意味着元宇宙经济体系具有更复杂的循环机制。

元宇宙经济的发展将对传统经济模式和商业模式带来深刻的影响，并提供新的机遇和挑战。元宇宙经济是依托现实经济体并受制于全球经济治理体系，在数字孪生、扩展现实等底层技术以及Web3.0的基础上，围绕数字身份、数字产品、数字资产、数字货币而展开的生产、消费、交换与分配等经济活动的总和。

元宇宙经济体系是基于互联网平台价值重构、数字内容通证化、内容创作货币化的开放互通的新型经济体系。元宇宙经济体系由数字创造、数字资产、数字市场和数字货币支撑，满足元宇宙用户的数字消费需求。

元宇宙不需要经历现实世界中的农业社会和工业社会的发展过程，直接进入数字社会，不会有任何传统产业升级的过程。元宇宙的发展更多依赖于算力，也就是技术进步，遵循摩尔定律。元宇宙经济体系中虚拟货币可以兑换为现实世界中的货币，由虚拟人在元宇宙的经济系统中做决策。

元宇宙作为一个新的生态体系，需要有成熟的能自我运行的内部结构，构建元宇宙的经济体系成为元宇宙领域当前至关重要的议题。元宇宙经济体系摆脱了现实世界经济体系的一些限制，如自然资源成本、拿地建厂成本等，最主要的资源是数据资源。随着技术的不断进步和应用的不断拓展，元宇宙经济体系有望在未来发挥更加重要的作用。它不仅为用户带来了全新的体验，也为经济发展提供了新的动力和方向。元宇宙经济体系的发展前景广阔，它将重塑我们对财富创造和价值交换的认知，开启一个充满无限可能性的新时代。

二、元宇宙经济是虚拟商品的交易平台

元宇宙经济是一个充满无限可能性的新领域，它将重塑我们对财富创造和价值交换的认知。我们要积极拥抱元宇宙带来的变化，也要正视其中的风险和挑战，确保元宇宙经济体系健康和可持续发展。

在元宇宙中，人们可以买卖各种虚拟物品、服务和资产，包括但不限于：

（1）虚拟土地：在一些元宇宙平台中，用户可以购买虚拟土地，并在上面建造数字建筑或举办活动。

（2）数字艺术品：艺术家可以创作数字艺术作品，并通过NFT的形式进行销售。

（3）虚拟商品：包括虚拟时装、虚拟家具等，用户可以购买这些商品来装点自己个性化的虚拟空间。

（4）虚拟服务：例如虚拟演唱会的门票、在线课程、虚拟旅游体验等。

（5）虚拟货币：一些元宇宙有自己的虚拟货币，用户可以用它购买虚拟商品和服务。

（6）游戏内物品：玩家可以在游戏内交易装备、皮肤、角色等。

（7）虚拟地产开发权：用户可以购买开发虚拟地产的权利，用于建造虚拟商店、艺术画廊等。

（8）虚拟品牌合作产品：时尚品牌可能会推出只能在元宇宙中使用的虚拟服装。

（9）虚拟活动赞助权：企业可以购买赞助权，在元宇宙活动中推广自己的品牌。

（10）虚拟版权或许可权：创作者可以出售他们作品的版权或许可权，让他人在元宇宙中使用。

在元宇宙中，交易模式和可买卖的物品种类繁多，它们共同构成了多元化的元宇宙经济体系。数字资产交易、虚拟货币使用、智能合约应用、虚拟商品和服务交易、虚拟地产开发等都是元宇宙中的主要交易模式。用户可以在元宇宙中购买虚拟土地，并在上面建造商店、艺术画廊或娱乐场所。NFT

艺术品、虚拟时装和配饰、游戏内物品交易，销售虚拟活动门票，提供虚拟教育和培训，虚拟商品的电子商务等都是元宇宙中具体交易的实例。

例如在Decentraland这样的元宇宙平台中，用户可以购买土地并在上面建造虚拟建筑、开发商业空间或举办活动。艺术家可以创作数字艺术品，并将它们作为NFT出售。时尚品牌如Gucci（古驰）和Louis Vuitton（路易威登）已经开始在元宇宙中推出虚拟时装了。在《堡垒之夜》和Roblox中，玩家可以购买游戏内物品，如游戏皮肤、装备或虚拟货币，以增强游戏体验。

Decentraland是一个充满活力的国际创造者和探索者的社区，社区用户可以自由结交新朋友、体验社区创作项目、参加各种活动，并在由Decentraland社区用户构建的动态虚拟世界中释放自己的创造力。Decentraland没有一个实体控制平台，它的代码是开源的，因此任何人都可以对其进行改进或在其基础上构建数字资源，任何人都可以托管该平台，它永远不会被关闭。虚拟世界的大都市"创世纪城"由独立的虚拟土地地块组成，任何人都可以在Decentraland的市场上买卖或租赁土地。同时，平台的运营工作和未来规划由社区用户在管理论坛上提出、投票和决定。社区创作者设计Decentraland独特的虚拟的可穿戴设备和表情（为用户的头像制作的动画），赚取主要销售额的97.5%，以及二次销售额的2.5%。收益不直接归创作者所有，而是用于资助社区建设。社区还组织日常活动，从音乐会到艺术画廊开幕，从闲逛到游戏发布，不一而足。任何人都可以提交他们在"创世纪城"或"世界"（主地图之外的个人虚拟空间）组织活动的计划。这一切使Decentraland成为一个真正去中心化的虚拟世界，由其社区所拥有。

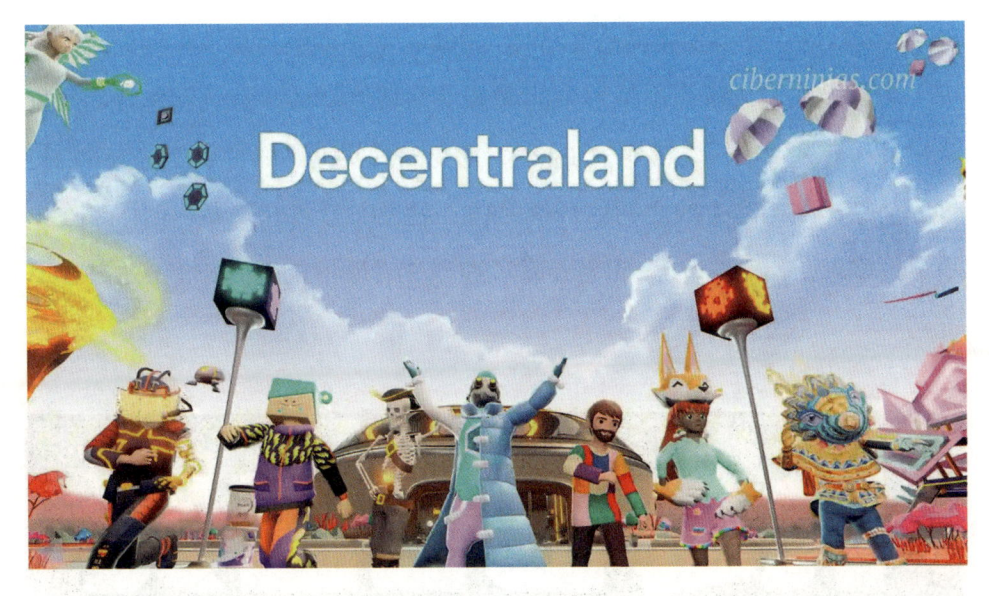

Decentraland

　　Roblox是集体验、开发于一体的多人在线3D创意平台，旗下拥有同名APP及Studio（工作室），可以让用户自由探索3D数字世界。Roblox还提供了强大的编辑工具和素材，让用户可以尽情创作内容，并在虚拟社区中与伙伴一起体验、交流，共同成长。在Roblox这个"超级数字场景"中，用户拥有"体验者"及"开发者"双重身份。对体验者来说，Roblox是可以学习知识的百科全书，也是认识世界的窗口。对开发者来说，Roblox提供的成熟开发工具，让开发者可以轻松上手，创作游戏作品表达自身想法及创意，共创Roblox的无限世界。在Roblox中，用户可以探索广阔的场景，快速学习和适应不同的规则，调整策略完成挑战，并在整个体验过程中锻炼思考与应变能力。更为重要的是，Roblox的多元内容以"寓教于乐"为目的，不论是学习历史和文化，还是进行科学和自然探索，Roblox作为"超级数字场景"之一，可以非常好地对教育进行赋能。

Roblox创建了一个完整的经济体。Robux（罗布币）是该平台流通的代币，玩家能够用代币为虚拟形象购买装备和其他物品。游戏创作者和开发者通过构建游戏同样能够赚取Robux，并兑换现实世界的货币。据Roblox提供的消息，在产品上线之初的12个月内，超过96万名开发者和创作者在该平台上赚取了Robux，近250名开发者和创作者赚取的Robux价值超过10万美元。

Roblox

元宇宙经济体系兴起，不仅仅是技术突破，更是传统经济模式的深刻变革。在这一新兴领域，财富的创造活动不再局限于开发现实世界的资源，而是根据无限的想象力在虚拟世界延伸。用户可以通过创造和交易数字内容，参与元宇宙的经济活动，从而赚钱。

在元宇宙经济体系中，虚拟货币扮演着至关重要的角色。它们不仅是交易的媒介，更是价值储存的手段。随着比特币、以太坊等加密货币的普及，虚拟货币已经开始影响现实世界的金融体系。在元宇宙中，这些货币可以用来购买虚拟商品、服务，甚至可以用于投资和理财。数字资产兴起，尤其是NFT出现，为数字艺术品、收藏品提供了全新的所有权和交易模式。NFT的独一无二性和不可篡改性，使得数字艺术品的收藏和投资变得更加安全和透明。

元宇宙中的虚拟商品与服务正在变得越来越多样化。从虚拟时装到虚拟房产，从在线教育到虚拟旅游，用户可以在虚拟世界中体验到与现实世界截然不同的生活方式。例如虚拟时装不仅能够满足用户的个性化需求，还能够在不同的虚拟场景中展示，为用户提供了全新的社交体验。在线教育和培训服务则突破了地理条件限制，使得任何人都能够接触高质量的教育资源。

虚拟地产是元宇宙经济体系的一个重要组成部分。用户可以购买虚拟土地，并根据自己的想法进行开发和建设。这些虚拟地产不仅可以用于商业活动，如开设虚拟商店或举办虚拟活动，还可以作为投资品，随着元宇宙的发展而增值。开发和投资虚拟地产，为用户和企业提供了新的财富增长途径。

智能合约在元宇宙经济体系中的应用，极大地提高了交易的效率和安全性。通过智能合约，交易双方可以在没有第三方介入的情况下自动执行合同条款。这不仅降低了交易成本，还减少了欺诈和违约的风险。去中心化金融为用户提供了更多金融产品和服务。用户可以通过去中心化平台进行借贷、投资、保险等金融活动，享受更高的收益率和更大的灵活性。

随着技术的不断进步，元宇宙经济体系将变得更加成熟和完善。更多行业和领域将被纳入这个虚拟世界中，进而创造出更多的商业机会和就业岗位。

三、元宇宙经济的兴起过程

元宇宙经济兴起是一个复杂的过程，它涉及多方面的技术进步和社会变迁。从早期的简单虚拟世界游戏到目前的元宇宙，这个演变过程可以概括为以下五个阶段。

第一，在技术积累阶段，虚拟世界的概念主要存在于科幻小说和简单的网络游戏中。这些游戏提供了基础的虚拟互动体验，但技术限制使得这些体验相对原始和有限。玩家通过文本和基础图形界面与游戏世界互动，虽然这些体验在当时看来颇具创新性，但与后来的三维图形和沉浸式体验相比，则显得相当原始。

第二，随着VR、AR、MR等技术的发展，虚拟世界的沉浸感和交互性得到了极大提升。这些技术让用户能够以更加真实和直观的方式与虚拟世界互动。游戏平台（如《第二人生》和《我的世界》）开始提供更加开放和创造性更强的虚拟空间，用户不仅可以玩游戏，还可以创造内容、建立社区，甚至进行经济活动。这些平台的兴起标志着虚拟世界从单一的娱乐工具转变为多功能的虚拟社会。

第三，区块链和NFT为虚拟物品所有权和交易提供了安全保障和透明性。NFT让用户可以拥有、买卖独一无二的数字资产，如虚拟艺术品和收藏品。这不仅为数字艺术家和创作者提供了新的收入来源，也为收藏家和投资者提供了新的资产类别。

第四,社交媒体平台兴起让用户在虚拟世界中的互动行为更加频繁和多样化。大型科技公司(如Meta)的大力投资和推广,使得元宇宙的概念得到了广泛认知和关注。这些公司不仅投入资金和资源进行元宇宙建设,也推动了相关技术的研发和应用。

第五,经济模式创新活动随着虚拟货币和去中心化金融的发展而活跃,元宇宙开始拥有自己的经济体系。用户可以在元宇宙中工作、投资、交易,甚至可以通过"play-to-earn"(边玩边赚)模式获得收入。这种模式使得元宇宙经济活动更加多元化,也为用户带来了新的赚钱机会。

随着元宇宙经济兴起,相关的法律、法规和技术标准也在不断发展。这有助于确保元宇宙的健康发展,也为用户提供了更多保护。政府和监管机构开始关注元宇宙中的版权、税收、隐私保护等问题,并着手制定相应的政策和法规。

多元化应用拓展表明元宇宙不仅可用于游戏和娱乐,也可以用于教育、医疗、零售等多个领域,为用户提供了全新的服务和体验。例如在教育领域,元宇宙提供了虚拟教室和模拟实验环境,提高了学习过程中的互动性,使得学习变得更加有趣。在医疗领域,元宇宙可以用来进行手术模拟和远程诊断。在零售领域,元宇宙可以给消费者提供虚拟试衣和购物体验等。

元宇宙经济火热是多方面因素共同作用的结果。技术进步提供了基础,而用户需求变化、资本市场推动以及创新经济模式探索则是推动其发展的重要动力。随着技术不断完善和应用场景不断拓展,元宇宙经济有望在未来发挥更加重要的作用。

亚太地区在元宇宙技术开发和采用方面处于世界领先地位。2022年11月，由德勤边缘中心独立进行的分析估计，到2035年，元宇宙对区域GDP的影响可能为每年0.8万亿至1.4万亿美元。中国、日本和韩国都拥有蓬勃发展的VR行业生态系统，人们在虚拟平台上学习、社交、购买物品、游戏和访问社交服务。中国、日本和韩国政府已在经济计划中纳入元宇宙的相关内容。在泰国、印度和印度尼西亚等VR技术尚未普及的地区，创作者经济蓬勃发展，他们正在以AR技术引领世界。元宇宙正在亚太地区创造新的市场、新的业务类型、新的就业机会，并开辟新的工作方式。

在欧盟，VR和AR的商业采用率（10%）高于美国（9%），预计到2035年，元宇宙为欧盟创造的GDP可高达4 890亿欧元，其中法国为1 050亿欧元、德国为660亿欧元、西班牙为530亿欧元。欧洲领先的零售商Zara（飒拉）为用户的虚拟形象推出了新的服装，包括数字产品和实体产品。BMW（宝马）开发了基于VR技术的培训系统，并使用数字孪生技术设计和规划工厂，从而将规划流程的效率提高了30%。

英国拥有由1 000多家公司组成的蓬勃发展的VR生态系统，预计到2035年，元宇宙可为英国创造的GDP高达750亿英镑，捷豹路虎等创新公司将在VR环境中开发新车。

美国也将从元宇宙的发展中受益匪浅，预计到2035年，元宇宙对美国GDP的贡献将高达7 600亿美元。美国企业将利用元宇宙技术创造新的收入来源、增强现有商业模式的盈利性，并提高运营效率，以此推动经济增长并提高企业的内在价值。

元宇宙经济兴起是一个多维度的过程，它不仅改变了我们对虚拟世界的认识，也为我们提供了新的经济活动和生活方式。随着技术不断进步和应用不断深入，元宇宙经济将在未来发挥更加重要的作用，成为推动社会、经济发展的新引擎。

第二节　元宇宙中的金钱游戏

元宇宙中的金钱游戏正在成为现实，它不仅是虚拟世界中的交易和商业活动，更是一个全新的经济模式，融合了多种先进技术，构建了一个与现实世界平行的虚拟空间。

元宇宙是一个基于数字技术的虚拟经济环境，通过虚拟现实、增强现实、区块链、人工智能等技术构建的虚拟空间。在这个空间中，用户可以进行社交、娱乐、教育、商业等活动，形成了一个全新的经济生态。

一、元宇宙里的货币

在元宇宙中，虚拟货币不仅是经济活动的核心，也体现了元宇宙的独特魅力。与传统货币相比，元宇宙中的虚拟货币展现出了显著的不同之处。

第一，元宇宙的虚拟货币是去中心化的。基于区块链技术，虚拟货币的发行和流通不依赖中央权威机构控制。这种去中心化的特性不仅使得交易过程更加透明和安全，还大幅降低了交易成本。用户可以直接进行点对点交易，无须通过银行或其他中介机构，从而提高了交易效率。

第二，加密货币在元宇宙中应用广泛。比特币、以太坊等加密货币因其安全性和匿名性而受到用户青睐。通过加密技术，这些货币在交易中的安全性得到保障，用户的隐私也在一定程度上得到了保护。用户可以通过挖矿、购买或在元宇宙中提供服务来获得加密货币，这些活动为元宇宙经济发展提供了源源不断的动力。

在元宇宙中，虚拟商品和服务的交易是虚拟货币的主要应用场景。用户可以使用虚拟货币购买虚拟土地、游戏内物品、虚拟时装、数字艺术品等。这些交易通常在元宇宙的市场上进行，Decentraland、The Sandbox（沙盒）等平台提供了丰富的交易场景。这些平台不仅为用户提供了交易场所，也为创作者和商家提供了展示和销售商品的机会。

NFT为元宇宙中的数字艺术品和收藏品提供了独特的所有权证明。NFT的独一无二性和不可篡改性使得数字艺术品的收藏和投资活动变得更加安全和透明。NFT可以在市场上买卖，为创作者提供了新的收入来源，也为收藏家提供了新的投资渠道。

第三，元宇宙中的虚拟货币可以是跨平台兼容性的。一些虚拟货币和NFT是可以跨平台兼容的，这意味着它们可以在不同的元宇宙中使用。这种兼容性提高了这些虚拟货币的流通性，为用户提供了更广泛的使用场景，从而提高了这些虚拟货币的使用价值。

经济激励是元宇宙平台吸引用户参与元宇宙相关活动和做出贡献的重要手段。许多平台创建了自己的虚拟货币，以奖励用户参与游戏、提供内容或参与社区活动。这种激励机制不仅提高了用户参与元宇宙相关活动的意愿，也为元宇宙的经济发展提供了动力。

第四，元宇宙货币系统具备虚拟与现实连接的特性。一些元宇宙平台允许用户将虚拟货币兑换成现实世界的法定货币，或者用法定货币购买虚拟货币。这种连接方式在虚拟经济和现实经济之间建立了桥梁，使得虚拟货币的价值能够在现实世界中得到认可。

智能合约的应用为元宇宙中的虚拟货币交易提供了额外的安全保障。通过智能合约，交易双方可以在没有第三方介入的情况下，自动执行合同条款。这种方式不仅降低了交易成本，还减少了欺诈和违约的风险。

第五，元宇宙中的货币系统具备多样性。在元宇宙平台中，除了平台特定的货币和加密货币外，用户还可以使用代表实物资产的代币。这种多样性为元宇宙的经济活动提供了丰富的支付和交易手段。

在元宇宙中，加密货币的使用价值根据每个平台用户的偏好而波动。这意味着加密货币的价值会随着虚拟空间内外的买卖而变化。比较有名的元宇宙加密货币包括以下五种。

（1）MANA币是Decentraland中使用的代币。一般来说，MANA币面向虚拟房地产市场，被用于虚拟房地产交易。此外，用户可以在他们的虚拟土地上开展各种类型的虚拟业务，因为Decentraland是一个开放和协作的世界。MANA币是一种基于以太坊的代币，自推出以来，MANA币的价值大幅增长。

（2）SAND币（沙盒币）是以太坊交易网络上的代币，其供应量有限，约为30亿枚。目前，大约有9亿枚SAND币在流通，这一因素使SAND币的价值在推出后的短短三个月内从每枚0.50美元上升到每枚8美元。

（3）ATLAS币（阿特拉斯币）。《阿特拉斯之星》（*Star Atlas*）是一款使用区块链技术的NFT多人策略游戏，以太空为背景。它与2002年推出的著名策略游戏《银河帝国》（*OGame*）非常相似，但拥有自己的加密货币。ATLAS币使用区块链技术，以速度快、安全性高而著称，具有类似于以太坊的结构。这意味着ATLAS币不如SAND币或MANA币的盈利前景好，但ATLAS币的风险和成本较低。

（4）AXS币是游戏《轴心无限》中的货币，也是基于以太坊的，因此它的交易成本通常很高。在该游戏中，玩家要设法获得被称为Axies（轴心）的生物（实际上是NFT），这些生物可以繁殖、被交易或从其他玩家那里获得。Axies的价格从150美元到100 000美元不等。每枚AXS币的价值一度高达160美元，但后来大幅下降。

（5）TLM币（万亿币）。《外星世界》是一款以在宇宙中争夺稀缺资源为目标的游戏，TLM币是其中的虚拟货币。因此，TLM币本身就是游戏中的宝贵资源，获取TLM币的方法是开采或购买。

加密货币是虚拟世界的货币，是购买元宇宙中的土地、艺术品、活动入场券等虚拟商品和服务必需的数字资产。通过这种方式，元宇宙中的数字资产可以像在现实世界中的资产一样增值或减值。Balenciaga（巴黎世家）、Gucci和Louis Vuitton等众多奢侈品牌已经进军元宇宙了。

在这种情况下，加密货币在元宇宙中的功能就像法定货币在现实世界中的功能一样。尽管元宇宙中的交易是虚拟的，但交易中使用的虚拟货币往往可以与法定货币进行交换。

【案例】区块链数据资讯平台非小号

非小号正式创立于2017年8月，是起步最早的区块链信息平台之一，汇集了全球数字资产数据，提供大量数字货币信息。

非小号提供的信息主要包括以下八个方面：

（1）特定币种信息：非小号提供了特定币种的基本信息，如发行时间、历史价格走势、持币地址、上线的交易所以及交易所的资质等。

（2）交易所信息：非小号提供了全球数百家数字资产交易平台的多维度数据分析，帮助用户选择合适的交易所，并提供交易所的详细信息，包括手续费、是否支持期货交易等。

（3）全面的市场行情信息：非小号提供了全面的行情数据，包括合约数据、多空对比、新币上市、链上数据、大单监控等，满足用户分析市场行情的需求。

（4）全面的实时行情走势信息：非小号提供实时的数字货币价格、涨跌幅、成交量等信息，并以图表形式展示，帮助用户快速了解数字货币的实时行情走势。

（5）提供24小时交易量等信息：非小号提供了市值、总供应量、24小时交易量等数据，方便用户通过这些数据对不同的数字货币进行比较和分析。

（6）交易所对比信息：非小号收录了全球多个主流数字货币交易所的信息，方便用户对比不同交易所的价格差异、交易量和流动性指标等。

（7）数字货币新闻和动态：非小号提供新鲜出炉的数字货币新闻和行业动态，帮助用户及时掌握市场信息，快速、及时做出相应的投资决策和方案。

（8）数字货币项目评级信息：非小号对多个数字货币项目进行评级和排名，并提供项目的背景团队、技术特点等信息，帮助用户了解项目的潜力和风险。

非小号采用SSL（Secure Socket Layer，安全套接层）加密技术以及多重验证机制，确保用户的交易和个人信息资料的安全性。

非小号于2024年被Talking Web3（会说话的第三代万维网）收购。Talking Web3是Web3.0领域成就卓越的创新推动者，由备受尊敬的Web3.0领域专家和投资人Ken（肯）博士联合GretaLee（格里塔利）于2023年创立。Talking Web3以AI技术为核心驱动力，通过科技赋能和矩阵式传播，极大提升了传播效率与精准度，整合了KOL矩阵、媒体矩阵和网红达人矩阵，构建智能化、去中心化的全球营销生态，致力于成为Web3.0行业最具影响力的全球化宣发平台，助力Web3.0项目走向世界舞台，推动Web3.0的普及与应用。

Ken博士不仅是去中心化金融和链游领域的知名推动者，也长期关注Web3.0及加密货币市场的演变及发展趋势。他参与了多个重量级区块链和去中心化项目，尤其在NFT和DeFi领域拥有丰富的经验和较大的影响力。他主导并孵化了多个Web3.0项目，致力于推动加密货币行业项目落地，帮助项目成长，搭建全球资源网络，并通过社交媒体传播行业理念。

Ken博士正在加速推动Web3.0与传统产业进一步融合，构建全新的Web3.0生态基础设施，赋能企业在去中心化市场中获得更大发展空间。他也在探索创新的商业模式，并结合AI与Web3.0技术，为市场带来全新的投资机会。

二、NFT 热潮

NFT是元宇宙中使用加密货币进行交易的主要标的。NFT是独特的数字文件，可能具有很高的价值。

当艺术家创作数字艺术作品并希望将其以数字形式在元宇宙中展出时，艺术家必须将其转换为全息图像或增强现实的信息。艺术家可以创作独特的连载作品，这些作品可以被转化为NFT，通过加密货币交易。迈克·温科尔曼（艺名为Beeple）、泰勒·霍布斯（Tyler Hobbs）、曼努埃尔·罗斯纳（Manuel Rossner）是当今享有盛名的数字艺术家。

NFT的热潮正在全球范围内兴起，NFT正成为数字经济和元宇宙的一个重要领域。NFT以其独特的属性和广泛的应用前景，不仅改变了数字资产的交易方式，也为艺术家、创作者、收藏家以及投资者提供了新的机遇。

在深入研究NFT之前，了解"非同质化通证"中"非同质化"的意义非常重要。如果某件物品是同质化的，那么它就可以与另一件相同的物品互换。比如你可以和某人交换年份相同、品相全新的1元硬币，完成交换后，你们拥有的1元硬币和此前拥有的1元硬币几乎没有任何区别。

非同质化意味着完全的独特性，因此非同质化物品具有独特的价值。例如两辆相同品牌和型号的汽车可能会根据里程表上的里程数、事故记录或是否曾为名人拥有而具有不同的价值。

NFT采用区块链技术。区块链可以被理解为一个大型的数字公共记录。最流行的区块链分布在许多节点（联网的计算机）上，这就是区块链具备"去中心化"特性的原因。

因此，区块链不是分布在某个机构控制的中央服务器上的，而是分布在点对点网络上的。区块链技术不仅具备公开透明、信息安全程度高、可追溯性强等特点，还具备保障节点运营商利益的盈利机制。由于区块链记录并保存了历史数据，因此它在证明信息真实性和数据所有权方面具有独特的优势。

当有人创建、转让、购买、出售或以其他方式使用NFT时，所有信息都会被记录在区块链上。此记录作为具备真实性的永久声明，可以被任何人查看或访问。今天，当人们购买一件实物的艺术品或收藏品时，通常会收到一份附带的纸质真品证书，人们必须永远保留这份证书，但纸质证书很容易被遗忘、丢失或毁坏。这导致纸质证书是一个非常脆弱的真实性证明。区块链为这个长期存在的真实性证明问题提供了一个简单且安全的解决方案。

假设某位用户从泰勒·霍布斯那里买了一件数字艺术品，用户可以根据NFT看到这件作品的全部历史记录，包括所有的曾经的拥有者、销售信息等，可以一直追溯到泰勒·霍布斯最初创作这件作品时的情况。如果没有NFT，用户就无法知道自己买的作品是不是真品。

NFT兴起可以追溯到数字艺术与加密货币结合。随着区块链技术的发展，艺术家和创作者开始探索如何将他们的作品转化为独一无二的数字资产。NFT提供了一种方式，使得数字艺术品可以像传统艺术品一样被收藏、买卖和投资。这种新型数字所有权形式因其具备的独特性和稀缺性，迅速吸引了人们的关注。

对于数字艺术品来说，区块链技术是革命性的。有了NFT，数字艺术品就可以证明其稀缺性，具有经过验证的所有权，因而可以公开转让。对于创作者来说，这些新属性非常重要，他们可以不在难以货币化的平台上分发他们的创作的艺术品，而在基于区块链的市场上销售独特的、经过验证的数字艺术品。除了最初的销售收入外，NFT的创作者还可以在数字艺术品后续的销售过程中获得一定比例的收入。例如开发人员可以制作一个可以在各种游戏中使用的游戏皮肤，并建立真实性和所有权证明，开发人员可以在其他用户购买或出售游戏皮肤时获得收入。

区块链技术对买家来说也是革命性的。想象一下，你即将在线购买音乐会门票，有了NFT，你可以相信它的真实性，因为它具有无可争议的区块链记录，而不是依赖经销商的信誉。

NFT的核心特性在于非同质化，这意味着每个NFT都是独一无二的，不能简单地互换或分割。这与传统的加密货币（如比特币）形成鲜明的对比，后者是同质化的，可以等价交换。NFT通过区块链技术提供了关于所有权的透明和不可篡改的证明，每个NFT都有独特的标识符和元数据，记录了其创作者、所有权历史和其他关键信息。

NFT的应用领域非常广泛，包括数字艺术、收藏品、虚拟世界、游戏等。在数字艺术领域，NFT为艺术家提供了一个全新的展示和销售作品的方式，艺术家可以创作数字画作、音乐、视频等，并将其"铸造"成NFT进行销售。在收藏品市场，NFT正在改变传统的收藏方式，例如NBA Top Shot（美国职业篮球联赛精彩片段）通过将篮球比赛的关键时刻转化为NFT，为粉丝提供了一种新的数字藏品。

在虚拟世界（如Decentraland）中，用户可以购买土地和其他虚拟资产的NFT，这些资产可以用来建设、展示或进行商业开发。游戏行业正在经历一场由NFT带来的革命，玩家可以拥有独特的游戏内物品，并在游戏内外进行交易。

NFT在数字艺术领域的创新应用案例不断涌现，为艺术家提供了全新的创作和盈利模式。以下是一些引人注目的应用案例：

《每一天：最初的5 000天》（*Everydays:The First 5 000 Days*）是自2007年5月起耗费迈克·温科尔曼5 000多天的时间创作作品的马赛克集合的NFT，在佳士得拍卖行以6 930万美元的价格售出，成为数字艺术领域的里程碑。

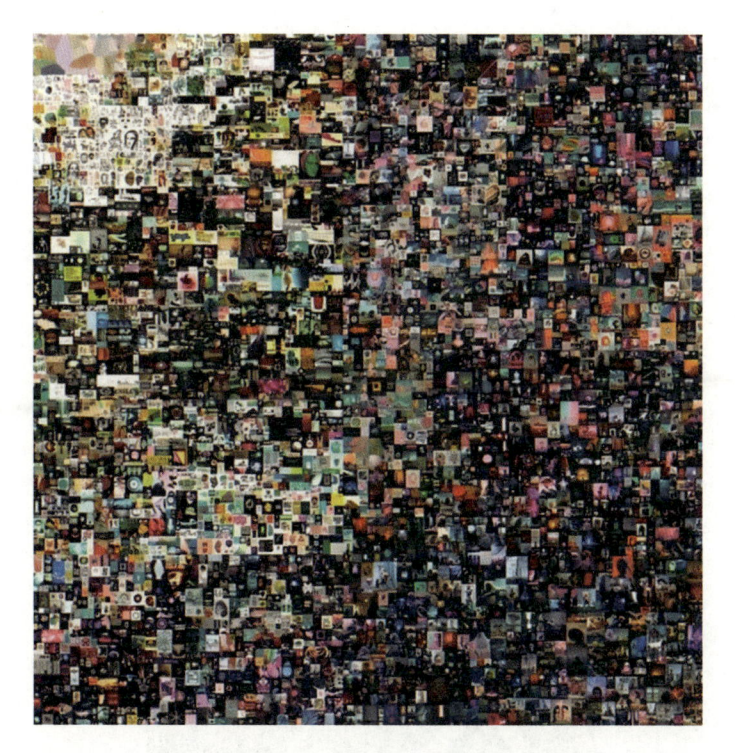

迈克·温科尔曼的《每一天：最初的5 000天》

CryptoPunks（加密朋克）是一系列24×24像素的艺术图像，每个图像都有独特的外观和特征，是早期NFT的代表作之一。

Hashmasks（哈希面具）是由全球70多名艺术家创作的数字艺术收藏品项目，每一个哈希面具都是独一无二的个人头像，展现了NFT在艺术收藏品领域的潜力。

NBA Top Shot是将NBA（美国职业篮球联赛）球星的短视频剪辑变成收藏品的NFT，这为体育爱好者提供了一种全新的收藏和交易体验。

Karafuru（多姿多彩）是由印度尼西亚插画家创作的日系动漫人物艺术NFT项目，展现了NFT在动漫方面的应用。

敦煌艺术系列动态NFT结合了动画和原创音乐，生动还原了敦煌文化的美学魅力和文化价值。

敦煌艺术系列动态NFT

《秦淮灯彩》系列数字藏品将秦淮灯会的传统文化与数字藏品结合，为非遗文化传承和传播提供了新途径。

"古乐华章"数字音乐纪念票是以非遗乐器的原创手绘图结合音乐创作演奏制作而成的数字音乐藏品，为音乐领域带来了新的收藏形式。

"ONE SHOW（金铅笔）×阿里拍卖NFT数字艺术设计大赛"为青年艺术家和设计师提供了一个展示和交易他们作品的平台，推动了NFT在艺术设计领域的应用。

这些案例展示了NFT如何为数字艺术领域带来创新，不仅为艺术家提供了新的收入来源，也为收藏家和艺术爱好者提供了新的收藏和交易标的。随着技术不断发展和市场日趋成熟，NFT有望在艺术领域发挥更加重要的作用。

三、虚拟商品的定价机制及交易方式

在数字经济的浪潮中，元宇宙兴起带来了一种全新的虚拟商品定价机制。这种机制不仅重塑了人们对数字资产价值的认知，也对实体经济产生了深远的影响。元宇宙中的虚拟商品，从虚拟土地到NFT艺术品，从游戏内物品到虚拟时尚物品，它们的定价方式多样，受市场供求关系、技术进步、市场情绪、宏观经济环境以及监管政策等多方面因素的影响。

（1）市场供求关系是元宇宙虚拟商品定价的基石。例如在Decentraland中，用户可以购买土地并在上面建造虚拟建筑、开发商业空间或举办活动。这些虚拟土地的价格通常由其位置、稀缺性和开发潜力决定。当需求增加而供给有限时，价格上涨，反之亦然。这种供求关系在元宇宙中同样适用，推动了虚拟商品市场的形成和发展。

（2）技术进步（如区块链扩容、隐私保护增强、跨链技术等）提升了加密资产的实用性和吸引力，从而影响其价格。随着以太坊网络的升级，加密货币以太坊的价值也随之提升。技术进步不仅提高了资产的可用性和安全性，也为虚拟商品创造和交易活动提供了更多的可能性。

（3）市场情绪对虚拟商品价格的影响不容忽视。正面新闻报道和社交媒体热议可以推动虚拟商品价格上涨，而负面消息可能导致虚拟商品价格下跌。新闻报道、社交媒体讨论热度和市场分析报告等会影响投资者的情绪和预期，进而影响虚拟商品的价格。

（4）宏观经济环境（如全球经济状况、货币政策、地缘政治事件等）也会影响虚拟商品的价格。在经济不稳定或货币政策宽松的情况下，人们可能更倾向于将资金投入加密资产以寻求保值，这在一定程度上会推动虚拟商品的价格上涨。

（5）监管政策对虚拟商品价格的影响是非常大的。不同国家和地区对加密货币的监管政策会影响市场信心和虚拟商品的价格。例如美国证券交易委员会（SEC）将多数加密货币视为证券，要求相关项目遵守证券法规，这种明确的监管框架有助于投资者理解他们的法律义务和风险。

在元宇宙中，虚拟商品的价格还受到网络效应、稀缺性、效用价值和品牌价值的影响。例如比特币因其广泛的用户基础和市场接受度而具有较高的价值，某些游戏中的稀有装备或限定版NFT因具备稀缺性而价格昂贵。此外，知名艺术家或设计师创作的NFT往往能卖出更高的价格。

Decentraland、NBA Top Shot、CryptoPunks等案例说明了元宇宙中虚拟商品定价机制的多样性和复杂性。Decentraland中的虚拟土地价格由其位置、稀缺性和开发潜力决定；NBA Top Shot中NFT的价格取决于球员的知名度、比赛的重要性以及视频剪辑的稀有性；CryptoPunks则因其独特的外观和特征而具有不同的价值。

元宇宙中的虚拟商品定价机制对实体经济的影响是多方面的，这种影响既包括直接的经济活动，也包括对传统商业模式的挑战和改变。

元宇宙中的虚拟商品定价机制直接影响了人们对数字资产价值的认知。在元宇宙中，虚拟商品（如虚拟土地、NFT艺术品等）的价格通常由市场供求关系决定。这种定价机制为数字资产赋予了与传统资产相似的价值属性，从而推动了数字资产市场的形成和发展。

2017年，全世界见证了CryptoKitties（加密猫）的诞生。这是人们首次体验到基于区块链技术面向主流受众的去中心化应用程序。CryptoKitties对许多人来说就像玩具一样，它代表了区块链技术与数字世界中物品互动方式的巨大转变。以前数字商品的信息存储在中心机构的服务器上，而基于区块链技术的数字商品存储在公共区块链上，用户可以在任何地方查看、公开交换数字商品，并以前所未有的方式真正拥有数字商品。

NFT技术的应用使得数字艺术品可以被赋予唯一的标识并被追踪，这种独特性和可验证性为数字艺术品的定价机制提供了新的思路。艺术家和收藏家可以通过NFT平台［如OpenSea（公海）、Rarible（稀有）］直接交易数字艺术品，无须通过传统的画廊或拍卖行。这种去中心化的交易方式降低了交易成本，提高了艺术品的流动性，从而影响了艺术品的定价机制。

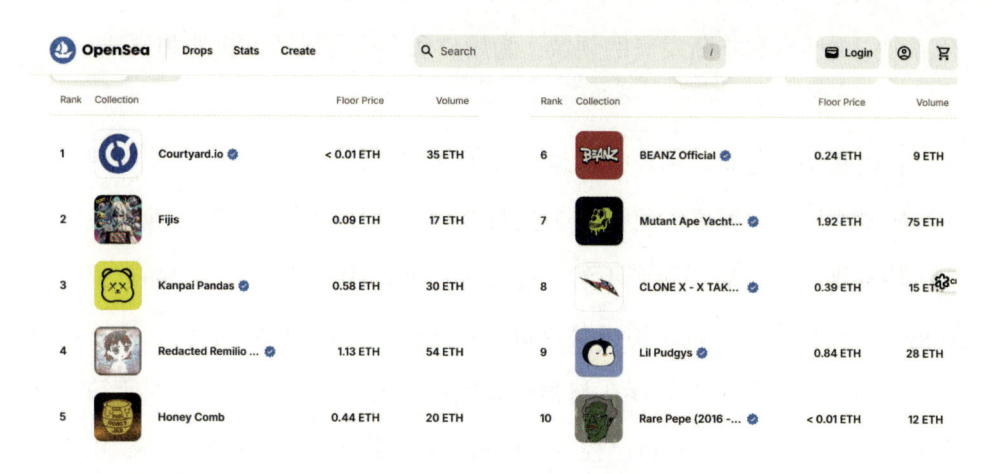

Rank	Collection	Floor Price	Volume	Rank	Collection	Floor Price	Volume
1	Courtyard.io	< 0.01 ETH	35 ETH	6	BEANZ Official	0.24 ETH	9 ETH
2	Fijis	0.09 ETH	17 ETH	7	Mutant Ape Yacht...	1.92 ETH	75 ETH
3	Kanpai Pandas	0.58 ETH	30 ETH	8	CLONE X - X TAK...	0.39 ETH	15 ETH
4	Redacted Remilio...	1.13 ETH	54 ETH	9	Lil Pudgys	0.84 ETH	28 ETH
5	Honey Comb	0.44 ETH	20 ETH	10	Rare Pepe (2016 -...	< 0.01 ETH	12 ETH

OpenSea上NFT的价格（单位是ETH）

元宇宙中的虚拟商品定价机制也对实体经济中的商业模式产生了影响。随着虚拟商品的价值得到认可，一些企业和品牌方开始探索将虚拟商品与实体商品结合的商业模式。例如一些时尚品牌在元宇宙中推出虚拟服装，这些虚拟服装的设计方案和定价策略可能会影响其实体服装的定价策略和销售策略。

元宇宙中的虚拟商品定价机制还可能影响实体经济中的就业和投资机会。随着虚拟商品市场的扩大，新的职业（如虚拟商品设计师、虚拟空间规划师等）开始出现。同时，投资者也开始关注与虚拟商品相关的投资机会，这可能会改变资本的流向和投资策略。

元宇宙中的虚拟商品定价机制也面临着诸多挑战。例如虚拟商品价格的高波动性和投机性可能会对实体经济产生冲击。此外，虚拟商品的定价机制可能会导致财富分配不均、加剧数字鸿沟。

随着技术发展和市场成熟，元宇宙和实体经济将更加紧密地结合在一起，共同塑造未来的经济格局。虚拟商品和加密资产的定价方式将是元宇宙经济中一个活跃和不断发展的领域，为用户和企业提供新的机遇和挑战。

在购买NFT之前，用户需要设置一个加密钱包。加密钱包是存储用户的NFT和加密货币的程序，可以分为托管钱包和非托管钱包。托管钱包由第三方机构管理，非托管钱包则不然。托管钱包就像用户存放贵重物品的银行保管箱，而非托管钱包就像用户存放贵重物品的家中保险箱。因此，托管钱包需要承担的责任较少，但存在与第三方机构相关的风险（例如"保管箱"失窃）。非托管钱包由用户自己控制，但这也意味着用户必须格外小心，以避免发生意外（例如丢失"钥匙"或在整理"保险箱"时不小心扔掉贵重物品）。

非托管钱包包括软件钱包和硬件钱包。软件钱包是安装在用户的计算机或互联网浏览器上的程序。这使得软件钱包成为快速便捷地购买、出售和转移NFT、加密货币的绝佳选择。硬件钱包是一种插入计算机即可使用的物理设备。由于它并不是始终连接用户的计算机或浏览器的,因此它是长期安全存储NFT和加密货币的绝佳选择,但如果用户需要快速或频繁进行交易的话,就不太方便了。

不同的钱包支持不同的区块链,并非所有钱包都支持NFT。与OpenSea兼容的钱包包括:Metamask(小狐狸)钱包,支持以太坊、Polygon(多边形)、Klaytn(胶布)等区块链平台;Coinbase(比特币基地)钱包,支持以太坊、Polygon、Klaytn。

NFT交易常常需要使用加密货币,不过OpenSea上许多NFT都可以使用信用卡或借记卡购买。购买NFT的主要平台有两种:独立项目网站和NFT市场。区块链项目有时会建立自己的网站销售NFT。这通常是为了项目"铸币"(当NFT被写入区块链时首次销售),尽管有些区块链项目有自己的独立市场[例如Coachella(科切拉)和Larva Labs(幼虫实验室)],但在大多数情况下,当用户从项目网站购买NFT后,用户可以在其他NFT市场上转售NFT。

NFT市场有时会支持首次销售,但主要支持二次销售。NFT市场的类型可能因其支持的区块链、费用结构、专门的NFT类型等而有所不同。如果用户想进入NFT领域,但不知道如何找到自己喜欢的东西,可以从以下渠道开始探索:

(1)自己关注的创作者。许多传统创作者在NFT领域也很活跃,用户可以查看自己关注的创作者,看看他们是否有NFT项目。

(2)社交平台"X"(原"推特")。有关NFT的大部分对话都发生在

"X"上,这使其成为发现新的NFT项目的好地方。用户可以关注自己感兴趣的话题、标签和主题。这不仅是了解当前NFT流行趋势的好方法,也是了解即将推出的NFT项目的好方法。

(3)NFT市场。NFT市场是比较好的发现NFT的渠道。在OpenSea上,用户可以查看"趋势"图表、按类别探索NFT。用户还可以按价格等标准对NFT进行排序和筛选,从而更轻松地找到自己感兴趣的NFT项目。

当NFT被拍卖时,潜在的买家可以对该NFT进行竞价。NFT将归出价最高的人所有。英式拍卖也被称为"卖给最高出价者"拍卖。英式拍卖的竞标类似于在固定价格清单上出价,因为卖家可以随时选择接受出价。如果NFT的卖家接受出价,而不是让拍卖按照自己的条件完成,卖家将支付手续费。卖家还可以选择设定底价,如果没有竞标者报出该价格,拍卖就可以在拍卖品没有出售的情况下结束。

第三节　元宇宙中的数字资产

数字资产为人们提供了一种在元宇宙中表达自我、与他人建立联系并在虚拟空间中享受身临其境的体验的途径。

数字资产包括虚拟土地、虚拟收藏品、游戏内物品、虚拟角色和头像以及虚拟时尚物品等，它们的价值由多种因素共同决定，例如稀有性、实用性和艺术性等。

用户通过拥有数字资产，可以获得拥有感，甚至拥有虚拟世界的"股份"，并获得经济收益和其他潜在收益。

一、元宇宙中的虚拟土地

在数字经济的浪潮中，随着元宇宙的兴起，一种全新的资产类别——虚拟土地——日益受到关注。虚拟土地不仅是数字空间中的区域，还是投资、商业开发和创新创造的热点。元宇宙中的土地以其独特的虚拟性、可交易性和稀缺性，正在重塑人们对资产和价值的认知。

元宇宙中土地的虚拟性意味着它们只存在于虚拟世界中，没有物理实体。但是它们可以被购买、出售或租赁，并且可以用于多种用途，如建造虚拟建筑、举办活动或创建商业空间。这些虚拟土地的可交易性是通过区块链技术实现的，这可以确保交易的安全性和透明性。稀缺性是决定元宇宙中虚拟土地的价值的关键因素，因此许多平台限定了虚拟土地的供应量，以稀缺性保障虚拟土地的价值。

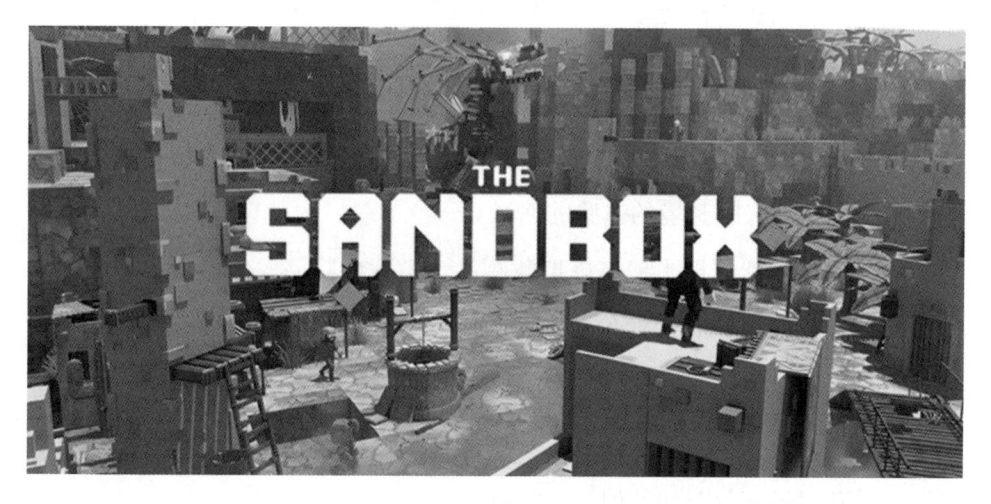

The Sandbox

虚拟土地交易通常基于区块链技术，使用加密货币进行。这些交易在元宇宙平台（如Decentraland和The Sandbox）上进行，它们提供了内置的市场或交易所，确保了交易的安全性和透明性。每块虚拟土地都被视为一个NFT，拥有独特的标识符和所有权记录。这意味着每块虚拟土地都是独一无二的，并且其所有权可以被验证和追踪。虚拟土地的价格会经常波动，因为虚拟土地的价值可能会根据市场需求和平台的受欢迎程度而发生变动。

虚拟土地的价值受多种因素影响。位置是关键，因为位于热门区域或虚拟地标附近的虚拟土地可能价值更高。平台的发展前景、土地的潜在用途和社区活动也会影响虚拟土地的价值，活跃的社区和定期的活动可以提高虚拟土地的吸引力，进而提高其价值。元宇宙中的虚拟土地价值的决定因素主要有以下十个：

（1）稀缺性：元宇宙平台通常会限制虚拟土地的供应总量，让虚拟土地具备稀缺性。例如Decentraland设计了数量有限的虚拟土地，以确保每块虚拟土地的独特性和价值。

（2）位置：虚拟土地的位置对其价值有重要影响。例如在虚拟世界中心或靠近热门区域的虚拟土地可能会因为客流量大而具备更高的价值。

（3）用途：虚拟土地的潜在用途（如开发商业或建造娱乐设施）也会影响其价值。虚拟土地的所有者可以根据自己的需求和创意来开发虚拟土地，创造各种虚拟空间，提供虚拟体验。

（4）社区和活动：活跃的社区和定期的活动可以提高虚拟土地的吸引力和价值。例如Decentraland中的"创世纪城"由独立的虚拟土地组成，用户可以在这里结交新朋友、体验社区创作项目、参加各种活动。

（5）技术发展：随着区块链、虚拟现实和增强现实等技术的进步，元宇宙中虚拟土地的实用性和吸引力也会不断增加，从而提高其价值。

（6）市场需求：随着越来越多的用户和投资者对元宇宙感兴趣，虚拟土地的需求会随之增加，从而让虚拟土地的价格上涨。

（7）品牌效应和名人效应：知名品牌或名人在元宇宙中购买虚拟土地可能会提高周边区域虚拟土地的价值。例如歌手林俊杰在Decentraland购买了三块虚拟土地，这可能会吸引其他用户购买附近的虚拟土地。

（8）投资和投机：虚拟土地可以作为投资品，随着元宇宙日益繁荣，虚拟土地的价格也会上涨。一些用户可能会购买虚拟土地作为投资品，期待虚拟土地的价格上涨。

（9）法规和标准化：随着元宇宙经济兴起，相关的法律、法规和技术标准也在不断发展和完善，这有助于确保元宇宙健康发展，也为用户提供了更多保障。

（10）多元化应用：元宇宙不再局限于游戏和娱乐，它开始被应用于教育、医疗、零售等众多领域，为用户提供了全新的服务和体验。

Decentraland是一个典型的元宇宙开发案例，用户可以在Decentraland上购买虚拟土地，并建造虚拟建筑、开发商业空间或举办活动。The Sandbox提供了类似的平台，允许用户购买虚拟土地，并在虚拟土地上创建游戏体验和社交活动项目。美国说唱歌手史努比·狗狗（Snoop Dogg）在The Sandbox上购买了虚拟土地，并在那里举办了虚拟音乐会，这充分说明了元宇宙中虚拟土地的商业潜力。

虚拟土地为投资者提供了新的投资机会，为企业和品牌方提供了新的商业模式创新途径。企业和品牌方可以在元宇宙中创建虚拟商店，提供体验，推动商业模式创新。此外，虚拟土地开发和管理可能会创造新的就业机会，如虚拟土地建筑师、设计师和活动策划师等。

元宇宙中的虚拟土地所有权与现实世界的土地所有权在多个方面存在显著差异，具体表现在以下九个方面：

（1）虚拟性与物理性：元宇宙中的虚拟土地是完全数字化的资产，存在于虚拟空间中，而现实世界的土地是以实体形式存在的。这意味着元宇宙中的虚拟土地不受到物理空间限制，可以无限复制和创造，但其价值主要源于其在虚拟社区中的稀缺性和位置。

（2）所有权证明：在现实世界中，土地所有权通常由政府或法定机构通过土地登记和地契来证明。在元宇宙中，虚拟土地所有权证明通过区块链技术以NFT的形式存在，确保了虚拟土地所有权的透明性、不可篡改性和可追溯性。

（3）交易方式：现实世界中的土地交易通常涉及复杂的法律程序和高额的交易费用。相比之下，元宇宙中虚拟土地的交易更加快捷，成本也更低，用户可以通过加密货币和去中心化平台直接进行交易，不需要中介机构。

（4）使用权和开发权：在现实世界中，土地使用权和开发权受到法律和规划的严格限制。在元宇宙中，虚拟土地所有者通常拥有更高的自由度来决定如何使用和开发自己的虚拟土地，例如建造虚拟建筑、举办活动或创建游戏体验项目等。

（5）价值：现实世界中土地的价值往往受其地理位置、周边环境和使用潜力等因素影响。元宇宙中虚拟土地的价值则主要取决于其在虚拟社区中的知名度、访问量和潜在用途，以及平台的整体发展情况和用户参与度。

（6）法律和监管政策：现实世界中的土地所有权受到国家法律和国际公约的严格监管。元宇宙中虚拟土地的法律地位和监管框架尚在发展中，不同国家和地区的政府机构对虚拟资产的态度和监管措施可能存在差异。

（7）流动性和可分割性：由于数字化特性，元宇宙中的虚拟土地具有更强的流动性和可分割性，虚拟土地所有者可以轻松地将虚拟土地分割成更小的部分进行交易，或者与其他虚拟资产进行组合和交换。

（8）投资和回报：现实世界中的土地投资通常涉及长期持有和物理开发，回报周期较长。元宇宙中的虚拟土地提供了更加多样化的投资机会，包括短期交易、虚拟开发和内容创作，带来回报的速度可能更快。

（9）环境影响：现实世界中的土地开发会对自然环境产生影响，需要考虑环境保护和可持续发展。元宇宙中虚拟土地的开发是在数字空间中进行的，不会对现实世界的自然环境造成直接影响。

总体来说，元宇宙中虚拟土地的所有权提供了一种全新的资产类别和投资机会，其价值和交易方式正在塑造数字经济的新领域。随着技术不断发展和市场日趋成熟，元宇宙中虚拟土地所有权的内涵和外延将继续演变，为元宇宙用户带来新的机遇和挑战。

二、NFT艺术品和收藏品

前文已经对NFT艺术品和收藏品做了简单的介绍，NFT不仅是一种技术术语，还代表了一种全新的数字资产所有权和交易模式。

NFT艺术品是数字艺术作品以区块链形式表示的独特的存在，每件NFT艺术品都是独一无二的。这些艺术品可以是数字绘画、数字雕塑、数字摄影作品，甚至是音乐和视频。NFT艺术品的魅力在于它们的不可替代性，这意味着每件作品都是唯一的，不能与其他作品互换。这种特性使得NFT艺术品成为收藏家和艺术爱好者的新宠。

NFT收藏品是一种特殊的数字资产，它们通常与特定的品牌、游戏或文化现象关联。这些收藏品可以是虚拟游戏装备、体育纪念品、稀有的虚拟角色，甚至是一段历史性的音频或视频片段。NFT收藏品的价值往往取决于其稀缺性、品牌知名度和情感价值。

智能合约是NFT艺术品和收藏品的核心，它们是自动执行相关条款的合同，可以确保交易过程的透明性和执行结果的确定性。智能合约使得NFT的买卖过程无须中介，降低了交易成本，提高了交易效率。同时，智能合约还可以用来设定版税，确保艺术家在作品转售时能够获得一定的收益。

所有权证明是NFT艺术品和收藏品的关键特性。每个NFT都有唯一的标识符，记录在区块链上，这为艺术品和收藏品提供了不可篡改的所有权证明。这种透明和可验证的所有权记录为数字资产交易提供了坚实的基础。

版税是NFT艺术品交易中的重要创新。许多NFT艺术品在智能合约中包含了版税条款，这意味着艺术家在作品每次转售时都能获得一定比例的收益。这种机制不仅保障了艺术家的权益，也为艺术创作提供了新的动力。

跨平台兼容性是NFT的重要特性。某些NFT被设计为跨平台兼容，这意味着它们可以在不同的元宇宙中使用。这种兼容性为NFT的流通和使用提供了更多可能性，进而提高了NFT的价值。

NFT艺术品和收藏品正在改变人们对数字资产的认知和交易方式。随着技术发展和市场成熟，NFT有望成为数字艺术和收藏品领域的重要力量。不同类型的NFT有着不同的运行方式，具体情况如下：

（1）艺术NFT代表一件数字艺术品，例如一幅素描、一幅油画。每件艺术NFT都是独一无二的，可以追溯NFT的原始创作者，与创作者的联系也可能很有价值。艺术NFT是一种新的数字艺术形式，可以收藏和出售，类似于实体艺术品。艺术NFT可以具有额外的实用性，例如拥有NFT可能赋予用户使用NFT相关底层艺术品的商业权利。

艺术家正在用NFT创作令人难以置信的新奇作品。达米恩·赫斯特（Damien Hirst）在他的收藏"货币"中使用了NFT，他创作了10 000幅独特的实体画作的数字版本。收藏家有一年的时间来决定他们想要画作的数字版还是实体版，没有被选择的版本将被销毁。

（2）个人头像NFT是主要被用作社交媒体个人资料图片或头像的NFT。这些NFT是在区块链网络上经过身份验证的数字项目，具有可验证的独特性。一些个人头像NFT还拥有特定在线社区的访问权限。

个人头像NFT有多种形式，包括静态图像、动画以及交互式设计。它们可能基于角色，以看起来像人类的动物的形式出现，也可能是抽象的。

对于许多互联网用户来说，个人头像实际上成为他们的在线身份标识。他们不仅认同群体，而且强烈认同他们的头像。

生成艺术个人头像。在许多情况下，创作者使用生成艺术技术创建一个特征库（或角色特征），这些特征库可以重新混合成一个系列中数量众多的独特的NFT。

生成艺术是指使用算法或规则集创作的艺术。创作者可以使用多种技巧和代码以及人工智能等技术创建生成艺术。创作者创建一组规则或指令来定义生成艺术品的参数，这些参数可以包括颜色、形状、大小和运动方式等。一旦规则确定了，算法就会负责创作工作，根据创作者设置的参数生成一系列图像或动画。生成艺术允许创作者制作包括数量众多的作品的收藏品（例如10 000个NFT收藏品），这些收藏品都具备独有的特征和稀缺程度，同时保留了特定的艺术风格和外观。

个人头像NFT也可以通过其他方式创建，例如单独绘制的艺术、3D 数字艺术、照片等。

（3）音乐NFT是代表音乐所有权或与音乐相关体验的NFT，例如由现场音乐会、粉丝见面会相关资料制作的NFT。音乐NFT是通过在区块链上"铸造"一个独特的代币来创建的,然后音乐迷可以收集这些代币。

拥有大量粉丝群的艺术家和音乐家可以创建音乐NFT。这些音乐NFT可以包括录音、作曲、音乐会门票等相关内容。每个音乐NFT的内容因创作者和他们创作的作品而异。

艺术家可以将单首歌曲或单个音频文件创建为NFT。例如omgkirby(天啊,科尔比)与Channel Tres(真名为谢尔顿·杨)合作,创建了5 550首独特歌曲的合集,每首歌曲都有自己的节拍和调性,每首歌曲都由 Channel Tres演唱并制作。

(4)交易卡NFT和数字藏品。这为传统收藏品增添了额外的魅力。用户不需要再将实体篮球卡放在活页夹中,而是可以收集NBA推出的动态NFT,其中每张卡的内容都会根据相关球员和球队的表现而变化。

(5)域名NFT可以被视为钱包的易记快捷方式。与其他类型的NFT一样,域名NFT存储在区块链上。在Web2.0中,网站通过DNS(域名系统)服务器访问。DNS服务器将网站地址转换为IP地址。在Web3.0中,用户可以通过域名访问钱包,这些域名可以转换为钱包地址。随着人们对个人数据所有权的关注度日益提高和避免通过域名注册商等第三方进行域名注册的愿望日益强烈,域名NFT已成为用户更好保留数据控制权的潜在方案。与托管的Web2.0域名不同,域名NFT允许用户拥有和控制域上的数据。

NFT的扩展名包括.eth、.polygon、.nft、.crypto、.bitcoin、.x 和 .blockchain等。以太坊域名服务 (ENS)等命名标准已经出现,这有助于简化钱包、网站和其他区块链应用程序的命名方式,使用户可以更方便地使用区块链,具有人性化的名称和内置验证方式。

(6)以太坊域名服务是一个"基于以太坊区块链的分布式、开放和可扩展的命名系统"，是集成范围最广的域名服务。ENS上的域名具有".eth"的扩展名，ENS也允许具有其他顶级域名（如.com和.org）的网站直接集成。如果用户拥有以.com为结尾的域名，可以将其连接到以.eth为结尾的ENS域名上。

ENS最初由尼克·约翰逊（Nick Johnson）于2016年4月提出。作为一种协议，ENS可以"将简短、人性化的名称，灵活地解析为服务和资源标识符"。约翰逊在以太坊改进提案中解释说，"名称和资源之间的映射可能会随着时间推移而改变，因此用户可能会更换钱包、网站可能会更换主机、swarm（集群）文档可能会更新为新版本，但是域名不会改变"。

ENS的用途类似于DNS，但由于ENS建立在以太坊区块链上，因此具有不同的架构。ENS通过对区块链地址和分布式内容等Web3.0资源进行去中心化、可信赖的名称解析工作，补充并扩展了DNS的实用性。

与其他域名NFT不同，ENS在购买域名NFT后需要至少每年续订一次，价格取决于域名的长度和唯一性。

（7）会员NFT。其核心作用是访问物理或数字空间。一些会员NFT可作为亲身体验（如高尔夫球场或社交论坛）的访问密钥，而另一些会员NFT在Discord[①]等平台上运行。例如DayAway Founders Key（远走高飞创始人钥匙）的所有者可获得由一些世界顶级品牌策划的奢华体验的独家访问权和福利，还可以访问世界各地精心策划的现实生活体验。

其他NFT（如游戏或音乐类别中的NFT）也可以具有会员或基于社区的功

---

① Discord（不一致）是一个聊天应用与社区，从游戏语音起家，随后转向直播平台，进而成为开设游戏商店的社区平台，是游戏玩家在游戏中沟通、协作的常用工具。

能，但不属于会员NFT类。其中的区别在于会员NFT的主要功能是关于社区的，而不是成为其他体验的附属。例如VeeFriends（维友）个人头像NFT通常被用作个人头像NFT，但作为一项额外福利，它允许拥有者在一定时间内访问VeeCon（VeeFriends的会议活动）。

会员NFT为基于爱好、兴趣或独特的现实生活体验的团体提供了连接点。像Coachella这样的品牌已经将NFT作为独家门票和通行证了，Coachella于2022年推出了自有的NFT市场和收藏品，包括终身通行证。

（8）游戏NFT是与在线游戏和元宇宙领域的任何数字物品相关的NFT。游戏内道具、角色、游戏皮肤、地图、模式、门票、收藏品等在游戏环境中的数字产品都可以创作游戏NFT。它是一种独特的基于区块链的物品，代表游戏中的特定物品或元素。

例如用户在玩NFT支持的游戏时获得了一件道具，就可以将其"铸造"，并确认该道具的所有权，这种所有权是可验证的。因此，这件道具可以像现实世界中的物品一样被出售、收集和使用。

如今，用户在游戏中购买或收购的虚拟物品会在游戏停止运营后立即消失。用户对于虚拟物品的"所有权"取决于游戏开发者对游戏的维护工作。游戏开发者甚至可以通过修改游戏规则让用户拥有的虚拟物品不能再使用，这就导致用户失去了虚拟物品的所有权。此外，用户无法在特定游戏的封闭生态系统之外转售物品。有了游戏NFT，数字物品就可以被赋予可证明的所有权。数字物品和纪念品也可以具有可证明的稀缺性，这使它们具有与现实世界中的商品类似的供需关系。

游戏NFT的另一个好处是可能开启"互操作性"的新时代，一个游戏或游戏世界中的物品可以在另一个游戏或游戏世界中被使用。如今，游戏及其所有物品都是孤立的，这意味着它们只存在于特定的游戏中。你不能在《使命召唤》中使用《光晕》中的武器，也不能以马里奥的身份玩《足球世界》。但如果众多游戏利用区块链技术作为可互操作的账本来证明所有权，并将其渲染和显示物品的系统标准化，那就可以让一个游戏中的游戏内物品在其他游戏中使用。

这一方面依赖于区块链技术，另一方面依赖于未来游戏的构建方式，像Metaverse Standards（元宇宙标准）这样的组织正在努力与游戏公司合作，以发展开放和包容的元宇宙为目标。

游戏开发者和游戏玩家创造的数字物品数量之多，使许多其他领域的数字物品相形见绌，这使得游戏NFT成为区块链技术应用的热门场景。

游戏NFT因实用性、所有权和互操作性而具有革命性，但仍处于起步阶段。许多游戏玩家因为游戏内物品可用于不同游戏的可能性而感到兴奋。Aurory Project（奥罗里计划）是一个游戏工作室，利用区块链技术简化游戏内物品所有权。

（9）摄影NFT是一种独特的数字资产，代表特定的照片或艺术品，被存储并记录在区块链上。

摄影NFT以数字方式存储和传输，使其能够轻松地在线共享和展示。摄影NFT的所有权和真实性可以在区块链上得到验证和记录，能够在用户之间轻松转移。

NFT为摄影师和艺术家提供了一种以数字格式出售和分发其作品的方式，也为收藏家提供了独特且可验证的数字物品。

元宇宙以虚拟现实技术和增强现实技术为基础，是用户可以与数字空间交互的世界，但其定义仍在不断发展。元宇宙不是一个地方，而是一种连接和互动的方式，它可以是无数世界，每个世界都有自己的虚拟土地、角色和可能性。

未来，在开放元的宇宙中，游戏NFT可用于代表各种虚拟物品，包括虚拟土地、服装、配饰以及头像等。这些NFT可能会在OpenSea等平台出售，用户可以在这些平台上交易能够在元宇宙中使用的虚拟物品。

区块链是去中心化的系统，这意味着它们不受单个实体控制。这有助于促进NFT分配和所有权的公平性和透明度。去中心化的系统通过不需要信任和许可的交易提供了安全性和透明度。

互操作性是指不同系统或组件协同工作和相互通信的能力。区块链技术使NFT能够在支持它们的各种虚拟世界或平台之间转移，从而实现更大的可访问性、灵活性和实用性。

虽然真正的互操作性目前还难以实现，但在理想情况下，NFT将能够在元宇宙中的不同平台和虚拟世界中使用，让用户在体验不同的虚拟世界时随身携带他们的数字物品。这种互操作性可以带来新的协作类型，并更好地整合来自开发人员和平台的内容。

NFT还使用户能够通过在元宇宙中展示他们独特的物品（例如头像、角色皮肤、虚拟服装或艺术品）创造性地表达自己。这让用户可以创建独特的数字身份，从而增强虚拟空间中的社交互动和用户参与度。

NFT为创作者和收藏家提供了一种在元宇宙中通过交易来将他们拥有的数字艺术作品变现的手段。

现在，基于区块链的元宇宙项目（如Decentraland和The Sandbox）已经出现，用户可以在其中构建数字体验场所。除了允许开发人员构建自己的元宇宙之外，NFT还可以通过让用户真正拥有自己的数字物品促进平台的发展。随着这些虚拟世界的成长和扩张，用户可以保持自己对虚拟物品的所有权。

NFT与元宇宙结合正在塑造数字经济的前沿。NFT作为独一无二的数字资产，与元宇宙相结合，为创作者、收藏家、投资者和用户带来了前所未有的机遇。NFT在元宇宙中的应用包括数字艺术作品和收藏品、虚拟地产、游戏内物品、虚拟时尚物品等。

NFT确保了数字艺术作品的原创性，并提供了版权保护。每个NFT都包含独一无二的识别信息，这些信息记录了作品的创作者、发行日期和流通历史。这种不可篡改的记录为数字艺术作品提供了明确的原创性和所有权证明。NFT的不可篡改性为数字艺术作品提供了强大的版权保护，一旦数字艺术作品被"铸造"成NFT，其所有权和创作者信息将被永久记录在区块链上。

NFT在元宇宙中的应用为数字艺术创作和版权保护开辟了新的可能性。随着技术发展和市场成熟，NFT有望在数字艺术领域发挥更加重要的作用。尽管NFT面临着市场波动、技术门槛和监管政策不确定性等挑战，但随着时间推移，NFT领域将不断出现创新和变革。

三、虚拟商品和装备

在元宇宙的广阔空间中，虚拟商品的形态、特征、运作模式和经济模型构成了一个复杂的动态系统，它们共同推动虚拟经济发展。元宇宙中的虚拟商品形态多样，除了虚拟土地、NFT艺术品以外，游戏内物品，如装备、角色皮肤等都可以作为NFT进行交易，这增加了游戏的可玩性和经济价值。虚拟时尚物品包括了时尚品牌和设计师创造的虚拟服装和配饰的NFT，用户可以在元宇宙中穿戴这些独特的时尚单品。此外，虚拟身份和形象，如独特的头像、服装或其他个性化元素，也是不同形式的虚拟商品。

虚拟人结伴购物

　　虚拟商品具备数字化、独特性、可交易性和可编程性等特征。它们完全以数字形式存在，可以在虚拟世界中展示和交易。每个虚拟商品都是独一无二的，具有独特的标识符和元数据。虚拟商品可以在元宇宙的市场上进行交易，具有较好的流动性。智能合约技术使得虚拟商品的交易条件和规则可以编程，以确保交易过程的透明性和执行结果的确定性。

　　虚拟商品的运作模式包括去中心化交易、智能合约应用、版权保护、跨界合作和社区参与。去中心化交易平台（如OpenSea和Rarible）提供了不受单一实体控制的市场环境，用户可以直接进行交易。NFT提供了所有权和版权的透明和不可篡改的证明，保护了艺术家和创作者的权益。艺术家和品牌方可以通过NFT进行跨界合作，共同创作独特的虚拟商品。虚拟商品的创作工作和交易过程往往伴随着社区的参与和支持，这提高了虚拟商品的吸引力和价值。

虚拟商品的经济效应包括所有权经济、创作者经济、投资和投机、品牌合作和版税机制。NFT确保了虚拟商品的所有权和稀缺性，为虚拟商品赋予了价值。艺术家和创作者可以通过销售NFT获得收入，实现创作者经济。虚拟商品的稀缺性和独特性可以吸引投资者和投机者通过购买和交易NFT获取利润。知名品牌通过发布限量版NFT提高品牌影响力和客户参与度。智能合约可以编程，这样就能确保艺术家在作品每次转售时都能获得版税，为艺术家持续提供收入。

在游戏行业，NFT以其独特的优势为虚拟商品和装备的版权保护提供了前所未有的解决方案。NFT的核心在于能够为每个独特的数字资产提供不可篡改的所有权证明，这彻底改变了游戏内物品所有权的定义。

NFT确保了数字所有权。依托区块链技术，游戏内的每个物品都被赋予了独一无二的标识符，这个标识符被记录在公共账本上，确保了所有权的透明性和不可篡改性。这意味着玩家对游戏内的装备、角色皮肤等虚拟商品的所有权得到了区块链技术的保护，从而使得这些虚拟商品的交易和转移过程变得更加安全和可靠。

NFT提供了透明的交易记录，所有关于NFT的交易信息都会被记录在区块链上，为游戏内物品交易提供了公开、可审计的记录。这种透明性不仅有助于防止未经授权的复制和分发行为，还有助于提高游戏内物品的可信度和价值，为游戏内物品的市场交易提供了信任基础。

智能合约自动执行是NFT的关键优势。通过智能合约，游戏开发者可以自动执行版权协议，确保在游戏内物品每次转售时都能获得版税。这种机制不仅保障了游戏开发者的权益，还为他们提供了一种新的收入来源。

随着NFT市场不断成熟，相关法律和监管政策也在逐步发展。这为游戏内物品的版权保护提供了法律依据，确保了这些虚拟商品在元宇宙中的使用行为得到法律支持和保护。同时，NFT与现有版权法律框架结合为游戏内物品提供了更全面的保护，使游戏开发者可以利用区块链技术进行版权存证，实现了初步确权。

NFT平台通常要求开发者在"铸造"NFT时提供版权证明，这有助于防止未经授权的作品被"铸造"成NFT。一些平台正在开发更先进的技术来检测和防止侵权行为，从而进一步提升版权保护的有效性。

NFT的稀缺性和独特性是价值提升的重要保障。因为收藏家知道他们拥有的是独一无二的虚拟商品，这种稀缺性使得游戏内物品的市场价值有可能得到提升。

NFT鼓励开发者与玩家建立更紧密的联系，这有助于游戏品牌建设并提高了游戏内物品的知名度和价值。通过社区支持和参与，游戏内物品的版权保护工作能够得到进一步加强。

NFT为游戏内虚拟商品和装备的版权保护工作提供了强大的支持，也为游戏行业带来了新的商业模式和收益机会。随着技术不断发展和市场日趋成熟，NFT有望成为游戏行业版权保护的重要工具，为游戏开发者和玩家创造更多价值。

四、虚拟货币

元宇宙加密货币是加密货币的一个类别，它使虚拟世界的用户能够买卖数字资产，例如虚拟土地、虚拟房地产或与虚拟形象相关的物品。然而，与所有加密资产一样，元宇宙加密货币是高风险资产，这意味着用户在决定将元宇宙加密货币添加到自己的加密投资组合之前，要对元宇宙加密货币进行彻底研究。

虽然领先的元宇宙代币（例如Decentraland的MANA币、The Sandbox的SAND币和《轴心无限》的AXS币）的价格在2021年加密货币牛市中以令人难以置信的幅度上涨，但它们的价格在2022年暴跌，这显示了投资元宇宙代币的巨大风险。

元宇宙还吸引了很多全球著名品牌，它们正在寻找新途径来提高自己的品牌知名度、吸引新客户并提高客户忠诚度。例如，耐克和古驰已经迈出了这一步，探索NFT改善客户体验的方式。耐克收购了NFT时尚初创公司RTFKT，目的是在元宇宙中销售耐克鞋，而古驰则在The Sandbox元宇宙中开设了自己的Gucci Vault Land（古驰拱顶大陆）。

元宇宙中的加密货币和代币在元宇宙经济体系中扮演着重要角色，它们不仅促进了元宇宙的经济活动，还推动了数字资产的资产化进程和交易活跃度。

AXS币是在《轴心无限》游戏中使用的代币。AXS币的持有者可以使用AXS币抵押、投票和玩游戏，也可以购买游戏内物品。AXS币的总供应量为2.7亿枚，一部分公开发售，一部分可以在游戏中获得，还有一部分被分配给项目顾问。

MANA币是Decentraland平台的原生代币。Decentraland是一个基于区块链的分布式共享虚拟平台，用户可以自由建设虚拟土地并从中获益。

The Sandbox是一个基于3D区块链的虚拟世界，机制类似于RPG，图形的质量很高。SAND币是其原生代币，总估值超过43亿美元，是市场上最受欢迎的元宇宙代币之一。The Sandbox吸引了史努比·狗狗等名人参与，用户可以在其中建造自己的虚拟游乐场。

BLOK币的全称为Bloktopia（积木城币），是Bloktopia项目的原生代币。Bloktopia是一个基于Polygon区块链构建的虚拟现实元宇宙项目。BLOK币可以在Bloktopia的元宇宙中购买虚拟土地、商品和服务。

ROND币（隆德币）可以用于元宇宙内的各种经济活动，如在购物中心消费、进入美术馆、参加音乐会、购买道具等。

NFT实现了虚拟物品资产化，使数字资产拥有可交易的实体。NFT能够映射到特定资产并将其记录在智能合约中，从而实现去中心化的、通用的数字所有权证明体系。

这些加密货币和代币通过提供交易媒介、激励机制和资产化手段，促进了元宇宙内的经济活动，提高了用户的参与度和元宇宙的经济价值。

在元宇宙中，用户可以通过多种方式赚取虚拟货币，其中包括虚拟地产交易。用户可以通过购买和出售虚拟世界中的地块来获得利润，例如Decentraland中有些地块的成交价甚至达到了数十万美元。创作数字艺术品也是一条赚钱的途径，用户可以创作并以NFT的形式销售数字艺术品，从而获得虚拟货币。此外，用户也可以通过销售虚拟服装、配饰等虚拟商品赚取虚拟货币。在元宇宙中提供专业服务（如虚拟广告位或虚拟导游服务）也是一种赚钱的途径。组织虚拟活动（如虚拟音乐会、艺术展览等）也是常见的赚取虚拟货币的方式，参与者可以通过门票销售、赞助等方式获得收益。这些方法不仅为元宇宙的用户提供了赚取虚拟货币的机会，也为整个虚拟经济发展注入了活力。

五、虚拟服务和体验

虚拟服务和体验是近年来快速发展的人工智能应用领域之一，运用了虚拟现实和虚拟体验（VX）等技术。这些技术通过模拟和虚拟环境，创造出"虚拟的现实"，能够使用户有身临其境的感觉，与虚拟环境进行交互。

虚拟现实技术通过计算机生成的3D图形模拟虚拟环境，用户可以感受到逼真的视觉效果，并且结合听觉、触觉等感官信号，进一步增强用户的沉浸感。随着技术的进步，未来的VR设备将更加注重用户体验，包括更高的分辨率、更低的时延和更舒适的佩戴体验。

虚拟体验是一种沉浸式娱乐技术，通过将用户置于一个虚拟环境中，使其感受到与现实环境相似的体验。这种技术在游戏、电影、教育、医疗等多个领域广泛应用。此外，虚拟体验还涉及多感官、多模态交互设计，推动了沉浸体验设计研究的发展。

在商业应用方面，虚拟呼叫中心和虚拟直播服务等创新形式提升了企业的运营效率，让企业的客户享受个性化体验。例如虚拟直播服务不仅能够提供高端的视觉效果，还能通过全栈式服务平台为行业树立标杆案例。

总体来看，虚拟服务和体验正在不断融合科技创新与人性化设计，为用户创造更加丰富和多元的交互方式和沉浸式体验。

元宇宙中的虚拟服务和体验可以被视为一种数字资产。元宇宙汇集了在线社交网络、游戏、虚拟货币和其他多样化的数字资产，金融服务公司已开始探索虚拟世界中的潜在机会。在元宇宙中，用户可以拥有全新的虚拟身份、社交关系以及数字资产。

目前，多家金融服务公司正在积极探索元宇宙中的潜在商业机会，并提供了不同的金融服务。以下是一些具体的案例：

韩国国民银行是韩国最大的金融机构之一，也是金融与元宇宙融合的先行者。该银行在"元宇宙分行"建设和数字资产管理等方面已经初步建立了应用场景。

新加坡星展银行积极探索元宇宙，并考虑加大对该领域的投入，以巩固其数字银行业务。该银行看好元宇宙的未来，并积极探索元宇宙和NFT的应用。

百度针对金融行业推出了元宇宙金融解决方案，在金融营销、沙龙空间、金融数字人、数字藏品等领域均有实践案例。

浦发银行和中国工商银行河北雄安分行也在探索元宇宙技术的应用，特别是虚拟营业厅等场景。

百信银行也探索了元宇宙与金融融合的模式，例如在元宇宙中的"金融大厦"使用虚拟人员工服务客户并承接数字资产相关业务。

在元宇宙中，用户拥有虚拟身份和社交关系的具体案例有很多，用户对虚拟形象的外形和声音的喜好程度是影响其市场价值的重要因素。调研数据显示，接近七成用户喜欢虚拟人形象的外形和声音。虚拟形象的作品质量和用户与其互动的频率也会影响其市场价值。例如有70.7%的受访用户会给虚拟主播"打赏"，接近九成的用户月均"打赏"金额在300元以上。以下是一些典型的例子：

虚拟偶像和虚拟"网红",例如蓝色光标旗下的虚拟偶像苏小妹、乐华娱乐的虚拟偶像团体A-SOUL、创壹视频的虚拟"网红"柳夜熙以及芒果超媒的虚拟主持人YAOYAO等。这些虚拟人物不仅在元宇宙中拥有自己的虚拟身份,还通过各种互动和表演与用户建立社交关系。

Decentraland元宇宙时装周。在Decentraland平台上举办的首届元宇宙时装周(MVFW)中,每个拥有Decentraland账号的用户都可以参与其中。用户可以在虚拟时装周上展示自己的虚拟时尚物品穿搭,与其他用户互动,完善自己的虚拟形象。

教育元宇宙。在元宇宙学习空间中,学生将拥有虚拟身份,并可以在同一虚拟空间完成多人3D互动及协作。例如虚拟图书馆、虚拟自习室、虚拟活动室等虚拟空间能够被自由设计和打造,学生可以在这些虚拟空间中与同学进行互动和合作。

沉浸式社交体验。元宇宙技术通过虚拟现实、增强现实等技术,为用户提供了沉浸式的社交体验。用户可以在虚拟世界中与他人进行实时互动,感受更加真实、生动的社交场景。

第四节　元宇宙经济的玩家

一、创作者、运营者和投资者在元宇宙里的赚钱方式

在元宇宙中，创作者拥有多种途径来实现盈利。他们可以创作并出售数字资产和NFT，例如虚拟艺术品，这些作品可以通过智能合约确保创作者及其后续持有者获得收益。此外，创作者可以通过提供虚拟体验和内容获得收益，例如在游戏平台上销售独特的游戏体验和虚拟商品。

创作者还可以通过提供独特的虚拟体验和内容吸引广告和赞助，从而获得额外收入。例如虚拟人物可以通过在线广告和购物模式变现。订阅付费模式为创作者提供了一种直接与用户互动的方式，有助于提高创作者的议价能力，并促进粉丝跨平台迁移。

用户不仅可以将在元宇宙中购买的虚拟土地转售以获取利润，还可以将其出租给需要虚拟空间的广告商或建筑商。用户生成内容也是用户在元宇宙中盈利的一种途径。创作者可以在如Roblox这样的平台上，通过出售自己创作的作品，虚拟世界的体验、内容和工具，以及通过虚拟商品市场向用户出售虚拟商品赚取收入。

创作者还可以通过投资特定元宇宙的加密货币赚钱，这是一种相对省力的投资方式。他们可以创建和销售虚拟商品，如数字服装、头像和3D模型，这些商品通常以NFT的形式存在并进行交易。

内容创作货币化是另一种盈利模式，区块链技术促进了数字内容通证化，使用户能够通过分布式数字身份和NFT实现个人信息和数字资产跨平台迁移及所有权认定。此外，元宇宙中的虚拟经济活动，如"边玩边赚"的游戏模式，允许玩家在参与游戏时获得收益。

总体来说，元宇宙为创作者提供了广泛的赚钱机会，包括销售数字资产、提供虚拟体验、获取广告收入、订阅模式、土地租赁、用户生成内容创作、加密货币投资、虚拟商品销售以及内容创作货币化等。创作者可以根据自己的兴趣和专长选择最适合自己的盈利方式。

在元宇宙中，元宇宙的运营者为了有效吸引和维持用户参与度，进而增加收入，可以采取一系列策略。制定有吸引力的内容策略至关重要，因为这能提供丰富多彩的内容，满足用户的不同需求。通过定期更新和优化内容，元宇宙可以持续吸引用户，提高用户的参与度。

优化用户体验是提高用户满意度和参与度的关键。元宇宙的运营者可以利用虚拟现实技术创造沉浸式体验，可以提升用户的互动体验，增加他们在平台上的停留时间。此外，元宇宙的运营者应该建立激励机制，如奖励用户参与各种活动和比赛，这不仅能提高用户的参与度，还能增强他们的忠诚度。

社交互动也是元宇宙中不可或缺的部分。通过支持用户进行社交互动，如共同购物、分享建议等，可以增强用户的黏性，并通过口碑效应吸引新用户。同时，提供个性化推荐，根据用户的兴趣和行为数据定制服务和内容，可以提高用户的满意度和参与度。

与知名IP合作也是吸引用户的有效手段。推出限量版数字藏品或游戏化玩法，可以激发用户的好奇心和参与欲望。此外，持续改进平台体验，确保平台的稳定性和流畅性，对于提升用户满意度和降低用户流失率至关重要。

创新的变现模式对于提高用户的参与度和转化率、加速IP商业化进程同样重要。优秀的内容创作和创新的商业模式，可以深度改善用户体验，从而提高用户的参与度和转化率。

通过上述策略，元宇宙的运营者可以在元宇宙中有效地吸引用户并保持用户的参与度，从而为创作者和平台带来更高的收入。

为了在元宇宙中进行有效的加密货币投资，投资者需要综合考虑多个关键因素。

选择合适的NFT项目是至关重要的。NFT让数字资产具备独特性和唯一性，因而被广泛应用于数字艺术品、虚拟土地和虚拟角色等领域。一些热门的NFT项目（如CryptoKitties和Decentraland）已经证明了它们的市场潜力。投资者应该关注这些项目，并考虑投资那些具有高流动性和市场需求的NFT。

选择有前景的元宇宙加密货币也是投资策略的一部分。元宇宙加密货币是市场的热点，了解这些币种的定义、类型和投资机会对投资者把握市场趋势至关重要。例如Sand币因其在元宇宙生态系统中的广阔前景而一度成为投资元宇宙加密货币的理想选择。

由于加密货币市场的高波动性，投资者需要采取风险管理策略以避免潜在的损失。这包括分散投资组合、设定止损点，以及定期评估投资组合的表现。

关注区块链技术和NFT的发展也很重要，因为它们是构建元宇宙的基石。

区块链技术通过智能合约实现价值流转，保障规则透明和高效执行。NFT则提供了资产的唯一性、所有者信息的公开透明，并具备可以保留创作者版税等特性。投资者应关注在这些技术领域展现出强大实力和创新能力的项目。

了解市场趋势和挑战对于投资决策同样重要。元宇宙与加密货币金融体系紧密相连，但也面临诸如违约风险和炒作机制等挑战。投资者需要密切关注市场动态，理解这些挑战，并据此调整自己的投资策略。通过这些策略，投资者可以在元宇宙的加密货币市场中做出更明智的投资决策。

二、品牌方在元宇宙里怎么做生意

在元宇宙的广阔空间中，品牌方正在探索多种多样的商业模式和策略，以适应虚拟世界的商业环境。品牌广告植入是一种常见的策略，品牌方可以通过在虚拟空间中展示广告，或者将品牌信息嵌入虚拟商品和活动中，吸引用户的注意力。品牌方可以向超级用户提供专属礼品、卡券和会员权益，这些NFT可以作为用户展示的"社交货币"，如头像、表情包等，从而增强用户对品牌的黏性。通过虚拟商品NFT和沉浸式社区等举措，品牌方可以为用户带来独特的识别系统和奖励置换机制，突出品牌的稀有性和独特性，从而增强用户对品牌的黏性，例如在Roblox上，品牌方可以通过虚拟商品和活动等，将广告植入用户体验游戏的过程中。

数字人和虚拟代言人提供了品牌与用户互动的新途径。这些虚拟形象不仅能够代表品牌，还能参与各种虚拟活动，提升品牌的知名度和用户的忠诚度。通过这些虚拟形象，品牌方可以创造更具个性化和互动性更强的体验。元宇宙的沉浸式体验让NFT的使用更贴近真实生活，大大提高了它的使用价值。例如元宇宙游戏中的宠物、装备、建筑甚至是地块都能够以NFT或者数字藏品的形式表现，并能够进行资产价值衡量和流通。

销售NFT是元宇宙中一种创新的商业模式。品牌方可以创建与品牌相关的NFT艺术品和收藏品，并在元宇宙中进行销售。这种独特的数字资产不仅能够增加品牌的曝光度，还能为用户提供独一无二的收藏品，从而创造新的收入来源。NFT可以成为企业产品的一部分，通过一物一码的方式，将品牌价值转化为可评估的品牌数字资产。例如顾客购买了某品牌的一款产品后，不仅可以拥有这款产品，还能参与产品相关NFT对应的各种活动、享受相应的权益、加入品牌会员俱乐部，甚至可以提前参与该品牌的新产品发售和品牌价值共建活动。

虚拟社区和互动体验也是品牌与用户建立联系的一种方式。打造高质量个性化互动、量身打造的个性化元宇宙购物空间不仅为品牌带来了差异化的营销内容，更以优质的互动体验增加了用户的参与度与停留时长。品牌方可以创建自己的虚拟社区或体验空间，让用户参与各种互动活动。例如耐克通过Nikeland（耐克乐园）结合数字替身和虚拟商品，为用户提供沉浸式的互动体验，增强用户对品牌的忠诚度。

内容创作和用户参与是品牌方在元宇宙中增强影响力的重要策略。品牌方可以鼓励用户参与内容创作，通过用户生成内容来丰富元宇宙的内容生态。NFT作为一种基于区块链技术的资产认证方式，为元宇宙中的物品提供了独一无二的所有权记录，从而保障了元宇宙的资产权益。这种方式不仅能增加用户的参与感，还能通过用户创作的内容进一步传播品牌信息。

虚拟演出和活动直播是品牌方吸引用户的一种策略。通过构建元宇宙场景，提供沉浸式的交互体验、可定制的虚拟品牌形象和全3D的动态场景，品牌方给用户带来新鲜感和趣味体验，从而增强用户对品牌的黏性。品牌方可以借助元宇宙的虚拟技术，打造出与现实世界平行的虚拟世界，通过虚实结合的沉浸式体验吸引更多玩家参与其中，并在游戏过程中融入品牌内容触点，不断强化消费者对品牌的认知，提高用户的参与感和对品牌的忠诚度。

在元宇宙中，商业模式的多样化为品牌方提供了广阔的商业机会。品牌方可以根据自身的业务需求，选择游戏娱乐、社交、电商、教育、医疗等多种商业模式进行布局。随着技术不断进步和应用场景不断拓展，元宇宙将变得更加智能化、多元化和个性化。品牌方需要不断探索新的技术应用和商业模式，以保持竞争力。品牌方在元宇宙中做生意需要结合多种策略和模式，利用技术创新和用户参与来提升品牌的影响力和用户黏性。通过这些方式，品牌方可以在元宇宙中找到新的增长点，并为用户提供丰富多样的沉浸式体验。

在元宇宙的浪潮中，品牌通过NFT进行产品增强营销已成为一种趋势。以下是一些成功案例：

宝马（BMW）在NFT领域的尝试尤为引人注目。这家汽车制造商推出了声音形态的NFT藏品，成为首个涉足该领域的汽车品牌。这些独特的数字藏品不仅为宝马的粉丝提供了一种全新的表达自我的方式，也成功吸引了广泛关注和讨论。

可口可乐与数字可穿戴设备设计平台Tafi（塔菲）合作，推出了名为Coca-Cola Friendship Box（可口可乐友情礼盒）的NFT数字藏品。这个系列包含四个稀有的单版动态NFT和一个隐藏惊喜"彩蛋"，旨在提升品牌的互动性和用户参与度。这一创新举措不仅增强了消费者的体验，也展示了可口可乐在数字领域的探索精神。

耐克通过其创新的元宇宙战略，结合虚拟商品NFT和沉浸式社区

Nikeland，在品牌与用户之间建立了全新的互动方式。这种策略不仅拓展了品牌的增长点，也为其他企业提供了宝贵的经验。耐克的这一举措，通过结合虚拟与现实的元素，成功地将品牌价值推向了新的高度。

麦当劳是率先发布NFT的餐饮品牌，推出了188份"巨无霸魔方"NFT作品，并以限定礼品的形式赠送给部分员工和消费者。这一举措不仅提升了品牌的知名度，还增强了消费者对品牌的忠诚度。麦当劳的NFT作品，以其独特的创意和收藏价值，成为品牌营销的一个亮点。

博柏利（Burberry）则通过腾讯幻核发布了"关于苔藓"系列藏品，每24小时更新24个数字藏品免费领取，共计360个史诗级数字藏品及1个隐藏惊喜数字藏品。这种策略有效地吸引了大量新用户，并增强了品牌忠诚度。博柏利的NFT营销活动，以其精美的设计和限量发行的策略，成功地吸引了消费者的眼球，也为品牌方带来了新的增长机会。

这些案例展示了品牌方如何通过NFT在元宇宙中进行产品增强营销，以及这些策略如何建立品牌与用户的新连接、提升品牌形象、增加用户参与度，并推动品牌在数字领域的创新。随着技术不断发展和市场日趋成熟，NFT有望成为品牌营销的重要工具，为品牌带来更多机遇。

在数字资产确权方面，NFT通过区块链技术防篡改和可追溯的特性，为数字内容确权及流通带来了颠覆性变革。NFT可以将数据中蕴含的经济价值归集于一个特定账户，从而使得NFT具有资产属性。此外，NFT确权具有低成本和永久产权的特点，这使得一些无法通过现实社会中的产权制度进行确权的数据，或可以按照现实世界中的产权制度进行确权、保护和利益变现但成本太高的数据，现在可以通过NFT实现确权。NFT映射的资产一般不上链，而是储存于IPFS（星际文件系统）等去中心化的存储系统中，并通过哈希值或

URL（统一资源定位系统）映射将NFT上链，这在进一步强化了数字资产所有权确保其不可篡改的同时使得数字资产的确权成本更低，确权过程也更加便利。

在个性化互动方面，可交互式NFT允许用户直接与区块链上的数字资产进行互动。这种互动可以提供动态体验，例如通过游戏和应用程序与用户的代币化数字艺术品进行互动，从而提高这些数字资产的价值。有些可交互式NFT基于智能合约储存在对应的主网上，该智能合约可以追踪NFT的独特元素并允许持有者更改某些元素，例如升级NFT。此外，元宇宙和NFT的结合也使得NFT的应用变得更加多样化，例如网易瑶台的AIGC技术支持虚拟人个性化创建功能。

三、元宇宙社区的赚钱之道

元宇宙社区是一个由虚拟现实和区块链等技术构建的数字空间，正逐渐成为现实世界的延伸。在这个虚拟的、多元化的社区中，用户可以通过虚拟现实设备进入全新的世界，与其他用户进行实时社交互动、创作、交易，参与各种活动。元宇宙社区有以下九个核心特点：

第一，沉浸式体验是元宇宙社区的一大亮点。元宇宙社区为用户提供了一种几乎与现实世界无异的体验，让人们能够在这个虚拟空间中有真实存在的感觉。这种体验的深度和广度，使得用户在元宇宙中的活动更加丰富和真实，甚至可以完整地记录用户在元宇宙中的"生命历程"，从而进一步增强了沉浸感。

第二，具身社交网络是元宇宙社区的另一个重要特征。元宇宙社区鼓励用户自由创造，将数字化创造作为社区的核心。在元宇宙中，社交不再是简单的在线交流，而是一种全景式体验，包含了感知社交、共在效应和情感体验。这种社交方式为用户提供了一种全新的社交感知体验，让人们在虚拟世界中也能体验到真实的社交互动行为。

第三，虚实融合是元宇宙社区的独特之处。元宇宙社区不仅是一个独立的虚拟空间，还与现实世界紧密相连，提供了一种超现实的沉浸式体验。元宇宙鼓励用户在虚拟与现实之间自由穿梭，最终将发展为真假难辨的终极元宇宙。

第四，经济体系是元宇宙社区的基础。元宇宙社区拥有较为完善的经济体系，包括数据、数字物品等。在这个虚拟世界里，个人用户和机构都可以创作内容或数字物品，并进行交易，构建充满活力的虚拟经济。

第五，社会文明生态是元宇宙社区的重要组成部分。元宇宙社区是一个去中心化的、永续存在的社会体系，具有完善的经济制度和法律制度。这使得元宇宙社区能够自我管理和持续发展，成为一个真正的社会文明。

第六，开放性是元宇宙社区的一大优势。元宇宙社区的特点在于开放、兼并、包容，具有交互性，并在时空上具有延续性。这种开放性使得元宇宙社区能够不断吸收新的思想和技术，促进社区不断发展和进步。

第七，文化融合与传播是元宇宙社区的重要功能。元宇宙社区是一个多元文化的交流平台，让不同国家和地区的文化在其中得到展示和传播。这不仅丰富了元宇宙社区的文化内涵，也为全球文化交流提供了新的平台。

第八，激发创造力是元宇宙社区的核心动力。元宇宙社区为用户提供了广阔的创作空间。用户可以在这个虚拟世界中发挥自己的创造力，创作出各种独特的虚拟作品。这种激发创造力的特性使得元宇宙社区充满了无限的可能性和创造力。

第九，社会化的呈现形式是元宇宙社区的表现形式。自始至终，元宇宙都在不断发展，形成了各种各样的社会化呈现形式。这些形式包括虚拟角色、虚拟社区、虚拟活动等，它们共同构成了元宇宙社区丰富多彩的社会生活。

元宇宙社区的沉浸式体验是通过一系列尖端技术实现的，这些技术共同创造了一个让用户仿佛置身于另一个世界的环境。

显示技术是这一体验的核心。头戴显示技术通过头戴式显示器让用户沉浸在虚拟环境中，观看三维图像和交互界面。平视显示技术将信息直接投射到用户的视网膜上，使得用户在不移开视线的情况下也能获取信息，增强了体验的真实感。

在大尺寸显示方面，例如在大空间剧场中，多视角画面和图像拼接算法为用户提供了多维全景空间画面，进一步增强了用户的沉浸感。

交互技术是沉浸式体验的关键，手势追踪和眼动追踪技术允许用户通过自然的手势和眼睛动作与虚拟环境进行交互，这些交互方式的自然性和直观性极大地提升了用户的沉浸体验。

语音和文字交流技术在元宇宙中也扮演着重要角色。用户可以通过虚拟化身进行实时语音和文字交流，模拟现实世界的社交互动。

人工智能技术的应用进一步提升了元宇宙的沉浸式体验。它不仅提升了生产力和自主运行的能力，还通过智能算法优化了虚拟环境中的交互体验。

XR技术是实现沉浸式体验的核心技术，它集合了虚拟现实、增强现实和混合现实，为用户提供了在现实世界和虚拟世界无缝切换的可能性。XR硬件技术升级创新带来了更丰富的沉浸式交互体验，满足了用户对高质量体验的需求，并推动了相应的XR内容、产品和服务的发展。

除了上述技术，还有其他支撑性技术（如3D交互性音视频技术）通过高质量音视频技术增强用户的感官体验，使用户能够更真实地感受到虚拟环境中的声音和视觉效果。新型智能终端与云服务平台提供了强大的计算能力和数据处理能力，支持复杂的虚拟环境构建和实时渲染，确保了元宇宙社区流畅运行和用户拥有稳定的体验。

元宇宙社区的沉浸式体验是通过一系列复杂而先进的技术实现的，这些技术的结合为用户提供了一个高度真实和互动的虚拟世界，让用户能够在其中自由探索、创造和社交。随着技术的不断进步和创新，元宇宙社区的沉浸式体验将变得更加丰富和完善。

元宇宙社区中的社会文明生态是一个多维度的体系，包含了经济体系、规章制度、基础设施、去中心化治理、文化生产与参与等多个方面，共同构成了一个完整的虚拟社会结构。

元宇宙经济体系是元宇宙社会文明生态的基础。它不仅包括了虚拟货币和交易系统，还涵盖了资源分配、价值创造和跨区域交易等复杂的机制。这为元宇宙中的用户提供了参与活动和交易的机会，也推动了虚拟经济的发展和繁荣。

规章制度是维护元宇宙秩序和公平正义的关键。它为用户提供了一个稳定的法律环境，确保了他们的权利和义务得到尊重和保护。这些规章制度与现实世界的法律体系相辅相成，共同维护着元宇宙中的社会秩序。

基础设施是元宇宙社会文明生态的支柱。它包括了高速网络、强大的计算能力和充足的存储能力，这些都是支撑元宇宙运行的必要条件。先进的基础设施使得元宇宙中的交互和体验变得更加流畅和真实。

去中心化治理是元宇宙社会文明生态的一大特色。通过区块链技术，元宇宙形成了去中心化的自治组织，这些组织以社群治理的方式运作，不再依赖于中心化的治理结构。这种去中心化治理方式不仅促进了群体创新和数字经济的发展，还确保了数字资产的自由流动和交易。

文化生产与参与是元宇宙社会文明生态的重要组成部分。在元宇宙中，每个用户都可以成为文化生产者，参与制定标准、提出意见和决策判断等活动。这种自下而上的参与方式，使得元宇宙的文化生产更加开放和多元。

社交体系是元宇宙社会文明生态的核心。它提供了一个超越时空限制的社交平台，让人们可以在其中自由地社交、工作和娱乐。这种社交体系满足了人们对于情感交流和归属感的需求，也促进了社会关系建立和维护。

内容创作与共享是元宇宙社会文明生态的驱动力。元宇宙鼓励用户自由创造，提供了个性化的工具和平台，激发了用户的兴趣和灵感。这些创作不仅丰富了元宇宙的内容，也可以促进知识和信息共享。

安全与隐私是元宇宙社会文明生态的保障。元宇宙生态系统包含了对用户的安全和隐私保护的机制，确保用户在虚拟世界中的身份信息和资产得到妥善保护。这些保护措施是维护用户信任和参与度的关键。

信任与责任是元宇宙社会文明生态的基石。基于区块链构建的信任体系和公共秩序规则，保障了元宇宙的良好社会生态。这种信任机制既可以对抗互联网巨头的垄断地位，也可以保护用户的权益。

艺术与文化是元宇宙社会文明生态的灵魂。元宇宙为艺术家提供了打破现实世界限制的机会，促进了艺术家和技术专家合作，推动了艺术和文化创新。这些文化活动不仅丰富了元宇宙的文化内涵，也为用户提供了精神上的满足感。

元宇宙社区的社会文明生态是一个复杂而全面的体系，它涵盖了从经济到文化、从技术到治理等多个方面，构建了一个虚拟而真实的社会环境。随着技术的发展和用户参与度的提高，元宇宙的社会文明生态将不断完善和发展，成为一个充满活力和创造力的虚拟世界。

虽然元宇宙并不能完美地反映现实世界，但现实世界中数量惊人的行业都有虚拟对应物。用户可以通过开设咨询公司、创建产品、投资以及从事虚拟劳动等方式在元宇宙中赚钱。以下是在元宇宙中赚钱的方法：

（1）投资虚拟房地产：投资虚拟房地产是在元宇宙中赚钱的方法之一。拥有元宇宙中的土地并不完全等同于拥有实体土地，因为用户可以在实体土地上实际工作和生活。尽管大多数平台的虚拟土地是有限的，但从理论上来说，如果平台愿意那就可以增加土地数量。

（2）成为虚拟房地产经纪人：2023年，《纽约时报》报道称，虚拟房地产市场价值为14亿美元，预计到2026年将增加至53.7亿美元。人们对虚拟房地产的兴趣为第三方经纪人创造了商机。与现实世界的房地产经纪人一样，元宇宙房地产经纪人可以帮助买家和卖家建立联系并协助执行房地产交易。

（3）成为元宇宙营销人员：随着全球元宇宙市场收入不断增长，元宇宙营销可能成为一个利润丰厚的领域。如果用户有数字营销方面的专业知识和经验，可以考虑成为元宇宙营销人员，甚至创办元宇宙营销机构。由于元宇宙仍处于早期阶段，有远见的营销人员有机会尝试各种策略，并将自己确立为新兴行业的领导者。与现实世界一样，用户可以通过营销专业知识在元宇宙中推广各种产品、服务和体验。

（4）成为元宇宙影响者：随着元宇宙的发展，受欢迎的创作者可以通过他们的虚拟身份获利，就像今天的数字创作者通过社交媒体的在线活动获利一样。因为元宇宙支持新的互动类型，所以创作者可以通过更新颖的方式与他人互动，比如成为元宇宙中的DJ（音乐节目主持人）、喜剧演员等。用户可以通过与品牌方建立付费合作关系来与受众建立联系、吸引粉丝并通过自己的权威和影响力赚钱。

（5）销售虚拟产品：借助NFT，用户可以销售独特的虚拟产品（如数字艺术作品、虚拟服装和配饰），以供其他用户在元宇宙中使用。

（6）销售实体商品：用户可以在元宇宙中销售现实生活中的产品，展示可以购买的实体商品的数字副本。电子商务企业可以吸引新客户并使用相应的电子商务策略提高转化率。例如电子商务企业可以在元宇宙中繁华的购物区购买或租赁零售空间，设计虚拟商店，把握数字客流量，通过元宇宙中的数字形象与潜在客户互动并推荐相应的实体商品。

（7）成为元宇宙教育者：元宇宙有可能将现实世界课堂的沉浸式体验和互动优势与远程教育和电子学习的可访问性相结合。教育工作者或具有特定领域专业知识的用户可以向学习者收取元宇宙课程的费用，或作为元宇宙教练或导师为其他用户提供服务。

（8）成为元宇宙架构师：虚拟空间需要虚拟结构，而设计独特且实用的虚拟建筑是一种可以赚钱的途径。具备3D建模和编程技能的开发者可以开发虚拟作品集并按合同提供服务。

（9）在元宇宙中出租空间：就像在现实世界中一样，用户不必出售虚拟房地产资产即可从中赚钱。零售商和潜在的活动主持人需要空间从事各类活动，因此用户可以将商业空间出租给其他有需要的用户，甚至可以将自己的住宅出租给举办虚拟聚会的用户。出租广告空间是另一种可行的选择，如果用户在元宇宙中拥有土地，也可以向广告公司收取在自己的土地上做广告的费用。

（10）投资元宇宙资产：用户还可以将资金投资于元宇宙资产，例如元宇宙指数基金和特定的元宇宙加密货币。

（11）举办活动：实时交互性强的特点使元宇宙成为适合举办虚拟音乐会、节日庆典和小组讨论等活动的平台。这也意味着组织和举办活动可以赚钱。用户可以作为虚拟活动策划者提供服务，或者通过出售门票、获得赞助等方式从活动中赚钱。

（12）成为元宇宙自由职业者：就像数字自由职业者一样，元宇宙自由职业者是在特定活动方面具有专业知识的独立服务提供商。元宇宙游戏设计师、平面设计师、程序员、演讲家、个人助理和其他服务提供商可以通过发展虚拟世界的专业知识接触新的受众并获得相应的收益。

（13）成为产品测试员：元宇宙相对较新，这意味着元宇宙平台需要能够体验和测试产品并向开发人员提供反馈意见的用户。将自己确立为经验丰富的元宇宙产品测试员可以帮助用户在不断增长的市场中赚取收入。

（14）提供旅游服务：根据麦肯锡咨询公司提供的数据，旅行是最令消费者兴奋的五个元宇宙应用领域之一。用户可以探索物理空间（如博物馆、酒店和古迹等）的3D模型，以此来决定自己线下的旅行目的地，或作为线下旅行的替代品。在元宇宙中，与旅游相关的服务可能包括虚拟导游或旅行规划等，用户可以利用自己对虚拟世界的独特知识来帮助他人获得满足其需求的体验。

（15）玩游戏赚钱：有些游戏为用户赢得战斗或完成任务等活动提供奖

励，通常是加密货币。为了提供具有真正价值的加密货币奖品，这些游戏可能会收集和出售用户数据、展示广告或者使用游戏推广相应的代币。

【案例】Ai茅公馆：人工智能重构酱酒行业的升维革命

在元宇宙与实体经济深度融合的浪潮中，贵州汉台酒业的Ai茅公馆系统以"一瓶起订、九秒出图、二十四小时发货"的颠覆性模式，重新定义了酱酒定制行业。通过人工智能技术与酱酒酿造工艺深度结合，该系统不仅大幅提升生产效率，还将用户需求与数字生态无缝衔接，开创了数字酱酒新生态。该系统具有三大特点：

（1）极速定制，从需求到成品的全链路革新。传统酱酒定制需要用户亲赴酒厂，耗时数周甚至数月，而且要求有一定的定制量。Ai茅公馆依托AI设计引擎，让用户可根据自己的需求和爱好，在系统中选定瓶身造型、图案风格、文化元素等，并支持实时预览。从用户下单到产品发货，全流程被压缩至24小时以内，突破了传统酱酒定制模式的时间限制。

（2）升维体验，AI赋能情感数字化沉淀。Ai茅公馆创新的"一瓶起订"的模式打破了传统酱酒行业定制体系的限制，使用户能通过定制酱酒，将每个特别的记忆与祝福永久封存于酒体中。这种"酒载故事"的模式，使产品从功能消费品升维为情感载体。

（3）产业变革，从制造到智造。这主要体现在三个方面：

· 供应链优化：在保留传统酱酒酿造工艺的同时，Ai茅公馆通过对接贵州汉台酒业的基酒数据库，能够实时匹配产能与订单。

· 突破传统：Ai茅公馆的研发主要依托于现有大数据、人工智能等技术，通过App提供产品展示、在线订购、配送跟踪等功能，改变传统销售路径,提升消费者购买体验。

·营销裂变:用户定制内容可一键生成图片,通过社交链传播,形成"以酒为媒"的私域流量池。

在贵州汉台酒业王氏酿酒第十四代传承人的带领下,Ai茅公馆的诞生不仅是一次技术迭代,更是酱酒行业从"规模经济"向"体验经济"的范式跃迁。通过人工智能与元宇宙的双重赋能,Ai茅公馆的让每一瓶酒成为连接现实与虚拟、个体与社群的超级节点,彻底重构了传统酒业的商业逻辑与价值维度。

第五节　元宇宙经济的规则

从经济体系的角度来看，元宇宙的经济规则与互联网的经济规则不完全相同，就像互联网的经济规则与制造业的经济规则不同一样。在元宇宙经济体系中，所谓的股权体系已经消散了，可能不存在，或者即使存在，它的价值也会大大降低。从资本收益的角度来看，这是一个共享模式。所有贡献者和参与者都以利益相关者的身份被组织起来，通过智能合约实现大规模协作，从而分享元宇宙创造的价值。

元宇宙是一个空间概念，包括数字空间、虚拟世界和平行宇宙，在追求网络价值最大化的基础上，进一步寻求整个空间价值最大化。因为元宇宙是一个不受众多物理规则约束的虚拟空间，所以有更大的发展空间。人们应该想尽一切办法在虚拟世界、数字空间和平行宇宙中创造价值，力求使其价值最大化。

元宇宙将生产者和消费者结合在一起，玩家作为利益相关者在这里赚取回报并共享元宇宙的价值。玩家拥有多重身份，可以既是开发者、创作者，又是贡献者、消费者、投资者，所有用户都是元宇宙中的参与者。

整个元宇宙的基本业务逻辑是"玩家NFT"，然后赚取代币。区块链用作分布式账本，用于边赚边玩模型中的会计记录。在元宇宙中，公司的组织结构正逐步向去中心化自治组织转变。未来，元宇宙中更多的商业场景应该处于效率最大化和公平最大化之间的地带，在中心化和去中心化之间找到平衡点，以适应特定的商业场景。在元宇宙经济中，中心化和去中心化也可以找到良好的结合点。

一、元宇宙经济的法律框架

"没有人控制元宇宙"是元宇宙的规则之一，因为元宇宙被认为是一个开放、分散的空间。但这并不意味着元宇宙是一个法律真空地带。然而，在具体情况下适用哪项法律是元宇宙中一个复杂的问题。

与Web2.0一样，根据组合的不同，元宇宙适用诸如平台运营商注册地的法律和有关人员祖国的法律等。国际法规，如《联合国国际货物销售合同公约》、国际私法和刑法法规也可能适用。将一般法规用于虚拟世界有时会出现问题。为了避免由此产生的法律不确定性，现有的元宇宙平台在其一般条款中确定了适用法律。

元宇宙平台的一般条款是由平台运营商提供的。无论是私人用户还是商业用户，都必须接受这些条款才能使用元宇宙平台。虽然Horizon Worlds宣布适用爱尔兰法律、欧盟消费者相关法律，而Roblox适用美国加州法律，但其他平台（如The Sandbox）强制执行从欧洲用户的角度来看很奇特的法律体系，例如中国香港的法律体系。Decentraland的一般条款更加不寻常。在那里，去中心化自治组织（DAO）管理该平台，这允许用户共同决定相关问题的处理方案。如果发生法律纠纷，由巴拿马的仲裁庭负责。对于用户来说，这意味着虽然强制性法律（如欧盟的《消费者保护法》）优先于提供商的一般条款，但在许多领域，执行判决结果变得更加困难了。

"没有人控制元宇宙"这条规则中隐藏了一个陷阱：控制者首先是元宇宙平台本身。我们不能想当然地认为它会从平等的地位出发对待用户。例如Decentraland一般条款的第15条就引人注目，该平台授予自己在DAO酌情决定的情况下拥有封锁用户账户的权力，无须事先通知，也无须说明理由。根据一般条款，Decentraland也没有义务授予访问与账户相关的信息的权限。这种突然且难以理解的封锁账户的行为将对商业用户造成毁灭性的影响，并且很可能是非法的，至少在欧盟是这样的。所有关于封锁用户账户的决定均由DAO做出的说法可能不足以满足欧盟《数字服务法案》第14条的透明度要求。关于内部投诉管理系统的第20条也似乎没有完全遵守《数字服务法案》的要求。

在正常情况下，政府有权在元宇宙平台发生违法行为时发布禁令、处以罚款或采取临时措施，但这可能会因元宇宙平台的结构而变得复杂。虽然Meta、微软和Roblox是传统意义上的公司，拥有注册办事处和管理层，但Decentraland称自己为"基金会"。其注册办事处未披露，DAO委员会等机构人员的身份仅通过其用户名（如Kyllian、Tobik）为人所知。此外，使用以太坊区块链意味着"基金会"的股份不能轻易合法地分配给个人。这种隐藏在独立性幌子背后的缺乏透明度的架构将使政府很难执行相应的措施。

在元宇宙中，虚拟财产的法律地位和权利归属问题是一个复杂且多维度的问题。我们可以从以下几个方面进行详细分析：

元宇宙中的虚拟财产所有权归属可以由法律直接规定或者通过法律规定

确定所有权归属的原则。例如某些国家或地区可能会通过立法明确虚拟财产的所有权归属规则。

根据私法自治和合同自由的原则，元宇宙中的参与者可以通过合同约定虚拟财产的所有权归属。在这种情况下，司法机关会对这些合同进行审查和确认，以确保其合法性和有效性。

数字资产在元宇宙中可以分为不同类型，每种类型的资产可能有不同的权利归属方式。例如Decentraland等平台上的虚拟地产可以通过区块链技术明确和保护所有权。

在元宇宙中，用户的虚拟财产与其身份需要通过技术措施实现映射。这意味着用户的虚拟财产与其身份紧密相关，其权利归属和利用涉及诸多规制性问题。

根据《中华人民共和国民法典》，虚拟财产已经成为民事财产的一部分，但其权利定性尚待进一步进行法律界定。虚拟财产在本质上属于电子数据，可以通过修改相关数据或变动设定进行人为干预，这使得其财产性质和交易情况不同于传统财产。

与传统游戏中的虚拟财产相比，由于元宇宙中的NFT具有唯一性和排他性，因此在权属和资产数量上更为清晰明确。这使得NFT在法律上的权利归属更加容易界定。

引入数据财产权的概念可以为元宇宙虚拟财产权的构建和使用提供理论基础。数据财产权的支配和排他性应与现实社会中的情况相对应。

目前，关于虚拟财产法律属性的界定主要有三种观点：物权说、知识产权说和债权说。根据虚拟财产的特征，将虚拟财产权界定为债权更为合适，因为这可以反映虚拟财产背后的游戏供应商与玩家之间的关系。

元宇宙中虚拟财产的法律地位和权利归属可以通过法律直接规定、合同自由原则、技术措施映射、《中华人民共和国民法典》的规定以及数据财产权的概念等多种方式进行界定。

二、元宇宙经济的监管体系

随着元宇宙经济兴起，现有的法律法规体系需要更新和完善，以适应数字资产和虚拟交易的特点。与数字身份相关的法律是元宇宙中的一个重要议题，需要相应的法律规范确保数字身份的安全性和合法性，同时保护用户的数字身份不受侵犯。

与数据隐私相关的法律同样需要更新，以应对元宇宙中数据的广泛应用和潜在风险。用户在虚拟世界中的活动产生的数据量巨大。因此，相关平台必须加强对个人隐私的保护，确保数据收集、使用和共享符合法律规定。

与知识产权保护相关的法律在元宇宙中尤为重要。虚拟社区和数字作品的创作、交易活动需要明确的法律框架来保护创作者的权益。这涉及著作权、商标权和专利权等，以及如何处理NFT数字作品交易中的版权问题。

与反垄断和反不正当竞争相关的法律对于维护元宇宙经济中的市场秩序至关重要。市场行为必须受到适当监管，防止市场垄断和不公平竞争行为，以保障市场的公平性和透明度。

与交易相关的法律也需要适应数字资产的特性，明确数字资产的合同性质和权利确认机制。这涉及数字资产转让、交易规则以及相关的权利和义务，以确保交易的合法性和有效性。

与安全相关的法律在元宇宙经济中的作用不容忽视。虚拟交易中的安全风险需要通过法律应对，包括交易安全、数据安全和系统安全等方面，以保障元宇宙经济体系稳定运行。

与消费者权益保护相关的法律在数字资产交易中同样适用。交易平台必须遵守相关法律，确保消费者的权益得到保护，保证交易的透明度、公平性和安全性。

虚拟货币交易是监管机构关注的重点。现有的监管法律需要得到进一步加强，以防范和处置炒作虚拟货币的风险，确保市场健康发展。

元宇宙经济的发展对现有的法律法规提出了新的要求。从数字身份、数据隐私、知识产权保护、反垄断、交易法、安全法到消费者权益保护，以及虚拟货币交易监管，都需要相应更新和完善，以适应数字资产和虚拟交易的特点，保障元宇宙经济健康、有序发展。

元宇宙经济中的金融监管框架目前仍处于起步阶段，尚未完全在法律法规之中明确。然而，我国金融监管部门和地方政府已经开始提出一些原则性的治理框架，以应对元宇宙金融的特殊需求。这些框架涉及强化隐私保护、数字资产确权等方面，以保护元宇宙的参与者。

随着元宇宙区域性创新政策落地和实施，与元宇宙金融活动相关的法律体系和监管框架也需要提前布局并适时到位。这意味着监管机构需要不断完善政策和法规，引导金融资本支持元宇宙发展，并推动优惠政策向相关产业倾斜。

在具体监管措施方面，美国摩根士丹利公司提出，建立元宇宙监管框架需要重点考虑三个方面的问题：确立对数字资产、虚拟房地产、数字支付等进行监管、征税和审计的规则和制度；构建全球通用的元宇宙系统和平台解决方案；探索对去中心化自治组织监管的制度。

尽管元宇宙金融的全球去中心化运行模式给传统金融监管带来了巨大挑战，但其底层技术框架及存在中心化的部分仍为监管提供了可能。

元宇宙经济的健康发展需要一个全面而细致的监管框架，这不仅涉及合规性，还涉及公平性和安全性。

元宇宙平台和数字资产交易平台必须加强合规措施，严格遵守现有的法律法规，尤其是反洗钱和反恐怖融资的规定。这些平台必须实施严格的合规审查和监控措施，以防止非法活动，如洗钱和诈骗等，从而保护用户的利益并维护市场的诚信。

为了促进合法交易，平台应该提供一个合法的交易环境，鼓励用户进行合规的虚拟资产交易。这包括加强对交易的监督和追踪工作，确保所有交易活动都在法律框架内进行，从而维护市场秩序和投资者的利益。

在监管模式上，平台可以采取包容审慎的监管原则，引导元宇宙市场稳健发展。这种监管原则旨在平衡创新和风险，确保市场稳定和安全，同时鼓励有益的创新。

前瞻性立法研究也是关键。平台可以加强元宇宙前瞻性立法研究，重点关注个人信息、数据安全、交易监管等问题。这包括探索完善数据产权、安全等相关法律法规，严格依法打击元宇宙中的非法集资、诈骗等不法行为。

由于元宇宙技术应用广泛，涉及多个传统的政策制定及监管部门，建立一个一体化的监管框架尤为重要。这有助于协调不同部门的监管职责，提高监管效率，确保监管措施有效实施。

构建法律保障体系也是不可或缺的。这包括为元宇宙经济体系中的虚拟数字人、数字财产、智能合约、数字货币和虚拟空间等基本要素提供法律保障。这些法律保障是元宇宙经济体系正常运作的基础。

同时，人们必须警惕资本绑架、伦理风险以及立法监管空白等问题。政府和监管部门需要采取措施遏制资本和互联网的恶性竞争冲动，防止由此给经济和社会带来的负面影响。

推动技术创新与经济发展是元宇宙监管的最终目标。这需要从技术创新、经济发展、社会民生全局的角度出发开展元宇宙顶层设计，明确提出以元宇宙为政策落脚点的规划、举措。这有助于在保障安全的前提下推动元宇宙产业的发展。

综合性的监管措施可以有效地应对元宇宙经济中的各种挑战，确保其在法律和监管框架内健康发展，为用户、投资者和社会创造更大的价值。

三、经济社区的多元共治模式

元宇宙作为一个新的生态，需要有相应的经济系统作为其动力及运作支撑。这个生态也需要有商品，有商品就会有价值，有价值就需要有衡量价值的标准。有了价值，就需要基于价值的交换行为。例如Decentraland团队发布了一份白皮书，概述了他们的愿景：建立一个由社区管理并以链上经济为特色的虚拟世界。

元宇宙经济的社区治理是一个复杂而多层次的问题，涉及技术、经济、法律和社会等多个方面。

元宇宙具有基于分布式组织的经济与治理体系，这种分布式治理保障了元宇宙的规则制定权主要掌握在"社区"手中，社区成员包括技术开发者、内容创作者、用户和投资者等。DAO作为元宇宙的基石，依靠社区参与者驱动,用户自主壮大组织规模,成员贡献汇聚成数据网络,为元宇宙的去中心化治理体系打下坚实的基础。例如Xmeta.City是全球首个通过DAO社区机制进行管理的元宇宙城市,社区成员享有投票治理权和分享收益权。

元宇宙为智慧社区注入了新的活力,通过虚拟现实和区块链技术,为用户创造了一个无限可能的虚拟世界。在智慧社区中,物业人员可以通过VR设备进入虚拟空间进行运维管理,例如安全管理、能耗管理、设备管理和环境管理等。此外,元宇宙还能够推动城乡融合发展,以空间融合为模式、以产业融合为基础、以要素融合为动力、以治理融合为支撑、以制度融合为保障、以技术融合为载体,促进共同富裕。

社区数字孪生平台可以融合政府部门、社会公共机构、社会组织和公众,形成"多元共治"的整体性治理格局,增强人们对社区治理的参与感和主人翁意识。例如北京市朝阳区双井街道打造了首个元宇宙孪生社区,通过线上、线下同步宣传推广,在虚实两个世界讲述双井故事。

元宇宙中的新型社会风险需要从治理方式转型与关键法律制度革新入手,实现由静态规则性治理向动态回应性治理转变,实现数字资产保护、算法监管、数据安全保障等方面的治理创新。例如Meta的元宇宙平台出现"性侵"事件,这表明元宇宙在发展过程中需要重视法律和风险管理。

元宇宙经济的社区治理是一个多维度、多层次的问题,涉及分布式治理、智慧社区建设、多元共治、经济系统构建以及法律与风险管理等多个方面。通过这些措施,元宇宙经济可以实现可持续发展和高效治理。

在元宇宙中,去中心化自治组织正以其独特的运作方式,基于区块链技术,引领组织形式的革命。DAO的核心在于智能合约,这些自动执行的程序构成了DAO的基石,能够在区块链上根据预设的规则和条件自动执行交易,无须管理机构干预。

DAO的运作机制通常涉及代币经济，其中的代币不仅是治理工具，也是成员参与决策过程的关键。通过持有代币，成员能够参与决定项目方向和资源分配方式的投票表决过程，这种参与方式使得决策过程更加民主化和透明化。

共识机制是DAO的另一个关键组成部分，它确保所有参与者能够在做决策时达成一致。通过投票系统，成员可以对项目的重要事项进行表决，这种机制促进了成员进行协作和集体决策。

去中心化治理是DAO的显著特征，这消除了单一的控制点或权威机构，使得成员可以自由加入和退出，同时保持决策过程的透明性和公开性。这种治理结构为成员提供了平等的参与机会，并且使得组织的运作机制更加灵活、响应速度更快。

在元宇宙中，DAO的应用案例不胜枚举。例如作为一个元宇宙兴趣社交APP中的案例，iCloser星球DAO允许企业和个人通过代币经济和智能合约进行互动和协作，推动社区发展。这种模式不仅增强了社区的凝聚力，也为成员提供了更多参与社区建设并做出贡献的机会。

Aragon（阿拉贡）是一个基于区块链的平台，专门用于构建和运行DAO。它提供了一套完整的工具和服务，帮助用户创建、管理和扩展他们的去中心化自治组织。Aragon通过提供易于使用的界面和强大的功能，使得建立和管理DAO变得更加简单和高效。

随着DeFi兴起，许多DeFi项目采用了DAO模式。这些项目利用经济激励机制来鼓励成员参与并做出贡献，从而确保系统的稳定性和可持续性。去中心化金融自治组织（DeFi DAOs）通过去中心化的治理结构，为金融创新提供了新的可能性。

DAO在元宇宙中的应用展示了去中心化和自治的优势。通过智能合约、代币经济和共识机制，DAO能够实现高效、透明和公平的治理方式，为元宇宙未来的发展提供了强大的动力。随着技术不断进步和应用不断深入，DAO有望在元宇宙中发挥更加重要的作用，成为推动社会进步和创新的关键力量。

元宇宙中多元共治模式的具体实施方式主要依赖于现代技术的综合应用，包括人工智能、大数据、互联网、区块链和算法等。这些技术通过构建技术平台、扩散场景信息以及运行虚拟规则，激发了不同社会治理参与主体的主动性和能动性，从而实现多元共治。

在具体实施过程中，元宇宙强调去中心化的治理模式，这需要区块链技术支持，以形成用户共治的组织形式。这种组织形式不仅能够促进数字经济发展，还能在多个维度上不断演变和发展，形成数实融合、互构的未来世界。

2022年9月24日，"发展与治理"元宇宙共治大会成功举办。该大会汇聚了众多高科技产业引领者和建设者，探讨如何建立元宇宙的伦理规则与自治规则。此外，埃森哲咨询公司发布的《多元宇宙，融合共治》报告也指出：元宇宙不仅是一个概念，更是一个可落地的战略，强调了其在多个维度上演变和发展的趋势。

第四章

如何在元宇宙中创造财富？

第一节　元宇宙财富攻略

元宇宙带来了一系列以前无法想象的财富管理机会。数字资产和去中心化金融平台是传统投资途径的有益补充，为投资增值提供了新颖的策略。借助元宇宙的基础设施，投资者可以在全天候运行的数字环境中进行质押、借贷等金融活动。这种可访问性超越了地理障碍，使财富管理公司能够为其客户挖掘全球投资的机会。

元宇宙有可能将财富管理体验提升到前所未有的水平。想象一下，客户可以实时访问他们的数字资产，所有数字资产都无缝集成到客户身处的虚拟环境中。数字孪生是真实资产的虚拟形式，可以提供直观的资产可视化路径，使复杂的财务数据更易于访问和理解。这些身临其境的体验增强了客户的参与度，提高了财富管理的互动性。

一、如何创建 NFT 艺术品

NFT是基于区块链技术构建的数字资产，代表各种稀有和独特的物品，如虚拟土地、数字艺术品、可收藏的运动明星卡等。

NFT不仅在虚拟货币行业内很受欢迎，而且在虚拟货币行业以外也逐渐流行起来。这种良好发展的势头促使许多人了解并创建NFT艺术品，使得NFT艺术品市场的热度不断提升。

纵观历史，即使创作的艺术品升值了，艺术家仍需要一直努力创作新作品，并通过新作品赚取收入。但是这种情况并不适用于NFT艺术品。艺术家可以考虑创建NFT艺术品，因为NFT艺术品有三个特点可以帮助艺术家赚取更多收入：

第一，终身版税。艺术家不仅可以通过出售他们创作的NFT艺术品赚钱，而且只要这些NFT艺术品存在，他们就可以继续从中赚钱。艺术家可以在NFT艺术品中设置版税，版税率从2.5%到10%。这样艺术家就可以在新买家购买NFT艺术品时获得一定比例的销售利润。

第二，交易成本更低。由于NFT艺术品是通过各种点对点市场在线向全球用户销售的，因此艺术家不必向拍卖行和艺术画廊等渠道付费。

第三，可验证且真实。尽管任何人都可以查看NFT艺术品，找到NFT艺术品的链接，但NFT艺术品是唯一的。一旦进入区块链，NFT艺术品就拥有了不容置疑的真实性证书，因为创作者、购买价格以及后续的所有者和交易价格都是可见的，并与作品绑定。这有助于实现传统艺术市场从未存在过的市场透明度。

艺术家可以按照以下步骤创建NFT艺术品：

第一步，选择NFT市场。OpenSea是目前NFT艺术品行业内最大的市场。这些市场可以分为两大类：

（1）精选平台。这类平台仅允许授权艺术家"铸造"或创建NFT艺术品。这类平台专注于高质量的NFT艺术品，而不是简单和低质量的收藏品。SuperRare（超级稀有）就是精选平台。这类平台的交易费用较高，艺术家可以设置NFT艺术品的版税率的灵活性较低。

（2）自助服务平台。这类平台允许每个人用他们喜欢的任何东西创建

NFT艺术品。因此，艺术家可以使用照片、视频或音频文件制作NFT艺术品。这类平台还允许艺术家设置NFT艺术品的版税率。OpenSea和 Rarible就是自助服务平台。自助服务平台常见的风险是有很多模仿者和欺诈者。

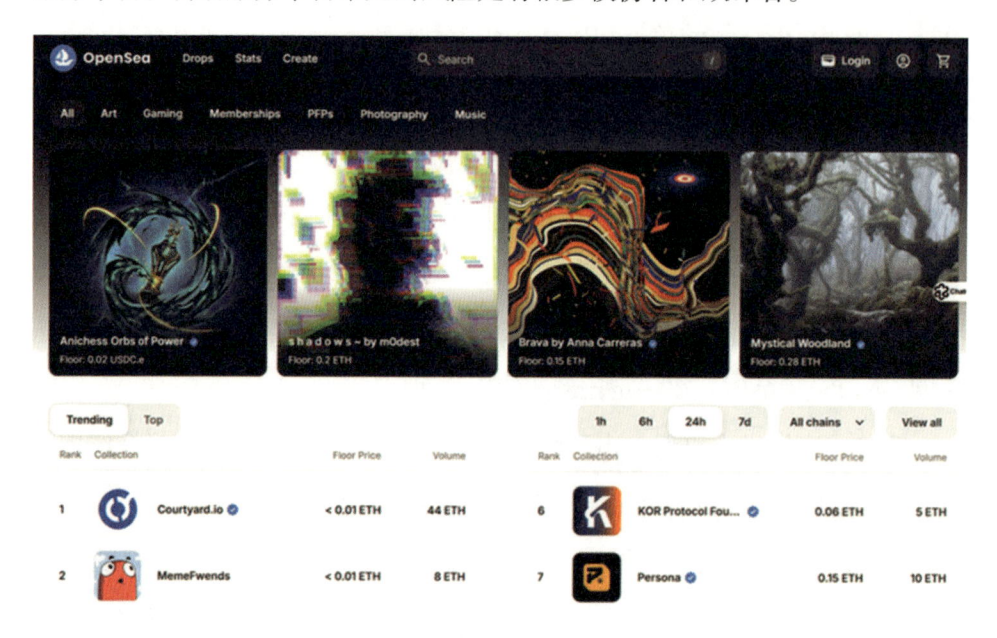

OpenSea

MetaMask

第二步，设置数字钱包。在选择了NFT市场开设账户后，艺术家就要创建数字钱包存储加密货币和NFT了。

OpenSea 通常建议使用MetaMask加密货币钱包的Google Chrome扩展程序，购买ETH，并准备"铸造"NFT。

但是，如果艺术家已经有另一个包含ETH的加密货币钱包，那么也可以创建一个MetaMask钱包并将ETH从原始钱包转移到MetaMask钱包中。

在创建NFT时，艺术家需要用ETH支付一定的手续费。

第三步，创建"我的收藏"。艺术家进入自己的OpenSea账户，找到"我的收藏"，然后通过输入名称、写出描述和上传显示图像来自定义"我的收藏"。这是艺术家在创作NFT艺术品后展示它们的基础。

第四步，创建NFT艺术品。在完成收藏后，艺术家就可以进入创建NFT艺术品的主要流程了。单击"创建新项目"，可以上传元数据，包括JPG、PNG、GIF 等格式的图片文件，MP3等格式的音频文件和GLB 等格式的3D文件，并给其命名。

创建新项目

艺术家可以"铸造"无限数量的代币，但一次只能"铸造"一枚，如果要创建相同代币，可以区分不同的版本。

（1）独立代币：这意味着艺术家只能创建特定NFT艺术品的一个副本，这使其更有价值。

（2）版本代币：艺术家可以创建多个相同代币的副本，需要添加版本号以区分每个副本。

接下来，艺术家可以在相关位置添加属性、级别和统计数据，这可以使买家能够筛选NFT艺术品。属性可以是艺术家创建代币的日期之类的信息。

在添加完所有必要的详细信息（社交链接，更新的图像、描述和名称等）后，艺术家可以单击"创建"将NFT艺术品添加到区块链上，并支付相应的手续费。

接下来，艺术家可以选择买家购买NFT艺术品支付的代币种类，还可以选择在NFT艺术品的二次销售时获得版税的版税率。

第五步，列出NFT艺术品以供出售。在创建NFT艺术品后，艺术家可以将它们展示出来以供出售，可以选择固定价格或将其拍卖并设定底价。

如果这是艺术家第一次创建和销售NFT艺术品，那么艺术家必须列出此前为该NFT艺术品支付的手续费。

第六步，在社交媒体上推广自己的作品。为了创造更多销售NFT艺术品的机会，艺术家需要建立庞大的粉丝群。艺术家需要向潜在的买家分享购买链接，并在社交媒体上向粉丝推荐自己的作品。

二、如何买卖虚拟土地

元宇宙代表了物理世界和数字世界的革命性融合，创造了可以提供沉浸式体验的虚拟世界，用户可以在其中互动、社交和开展业务。元宇宙开发的核心是专业的元宇宙开发服务。这些服务涵盖一系列专业知识，从使用AR技术和VR技术创建复杂的虚拟环境，到开发确保安全交易和数字所有权的区块链基础设施。

元宇宙房地产涉及在虚拟世界中收购和交易虚拟土地。就像实体房地产一样，这些虚拟土地可以被开发、租赁或出售，为投资和创造活动提供了基础。随着技术进步和虚拟空间日益普及，这正在逐渐成为现实。

虚拟土地存在于各种元宇宙平台中，例如 Decentraland、The Sandbox和Cryptovoxels。每个平台都有独特的环境和管理土地所有权的规则。这些土地通常在区块链上以NFT的形式表示，由此可以确保每块土地都是独一无二的，并由个人或其他实体拥有。区块链账本记录所有交易，提供类似于实体房地产契约的透明度和安全性。

Decentraland是著名的元宇宙平台之一，用户可以在其中购买、开发和出售虚拟土地。该平台在以太坊区块链上运行，其土地以NFT的形式表示。土地的所有者可以在土地上构建各种设施，从虚拟商店、画廊到游戏和社交中心。Decentraland还设有一个市场，用户可以使用其原生加密货币MANA币购买和出售土地。

The Sandbox

The Sandbox将基于体素的环境与用于创建交互式体验的强大工具集结合起来。The Sandbox中的土地也以NFT的形式表示，该平台使用加密货币SAND币进行交易。The Sandbox获得了很多关注，吸引了知名品牌和名人与其合作，让这些品牌和名人在The Sandbox上构建自己的虚拟形象。

Cryptovoxels提供了一个简单但同样具有吸引力的环境，用户可以在其中购买土地、建造建筑物，并与他人互动。Cryptovoxels在以太坊区块链上运行，允许用户在虚拟城市中创建画廊、商店等。易于使用和简约的设计使元宇宙的新用户也可以轻松使用它。

投资虚拟土地的潜在好处包括以下四点：

（1）升值：随着元宇宙用户数量不断增长，用户对虚拟土地的需求可能会增加，从而可能推高虚拟土地的价格。在早期以较低价格购买土地的用户可能会获得可观的投资回报。

（2）创收：虚拟土地所有者可以开发他们的土地来举办活动、出租空间或出售虚拟商品和服务。这些活动可以产生稳定的收入。

（3）创作：拥有虚拟土地为用户发挥自己的创造力提供了空间，从设计独特的虚拟空间到构建交互式体验，充满了各种可能性。

（4）品牌影响力：企业和品牌方可以在元宇宙中建立影响力，接触潜在消费者并创造新的营销机会。

用户购买虚拟土地的步骤包括以下五步：

第一，选择平台。用户可以选择符合自己兴趣和目标的元宇宙平台，这需要用户研究平台的功能、社区和市场趋势。

第二，设置数字钱包。用户需要一个与平台区块链兼容的数字钱包，用以购买虚拟土地。如果用户想购买基于以太坊的平台上的虚拟土地，MetaMask这样的钱包是不错的选择。

第三，获取加密货币。用户使用自己的数字钱包购买平台的原生加密货币，例如Decentraland的MANA币或The Sandbox的SAND币。

第四，探索市场。用户可以访问平台的市场以浏览可用的虚拟土地，需要注意虚拟土地的位置、大小和价格。

第五，购买。在找到理想的虚拟土地后，用户可以使用加密货币完成交易。虚拟土地对应的NFT被转移到用户的数字钱包中。

在获得虚拟土地后，用户可以对其进行开发。每个平台都提供工具和资源来帮助虚拟土地所有者构建他们的空间。

元宇宙平台提供各种建筑工具，从简单的拖放界面到高级的3D建模软件。这些工具使用户能够创建结构、景观和交互式体验。

对于复杂的项目，虚拟土地所有者可以聘请专业开发人员或元宇宙开发服务商。这些专家可以设计和构建复杂的环境，确保用户可以获得高质量和引人入胜的体验。

出售虚拟土地可以给投资者带来丰厚的利润，尤其是在元宇宙被广大用户认可的情况下。以下是出售虚拟土地的方法：

（1）列出清单。投资者可以使用平台的市场或其他NFT市场（如OpenSea）列出自己准备出售的虚拟土地清单，需要提供详细的信息和高质量的图像，以吸引潜在的买家。

（2）设定价格。投资者需要根据当前的市场趋势和虚拟土地的独特优势确定有竞争力的价格。

（3）推广列表。投资者要在社交媒体和元宇宙社区内分享待售虚拟土地的列表，以吸引潜在的买家。

（4）完成销售。在找到买家后，投资者通过市场完成交易，将NFT转移到买家的数字钱包中。

投资虚拟土地并非没有风险。由于市场的投机性很强，虚拟土地的价格可能不稳定。此外，部分元宇宙平台的发展前景并不明朗，一些项目可能无法获得社会大众的关注。投资者在涉足虚拟土地之前，应进行彻底的研究并评估自己的风险承受能力。

投资者对虚拟土地的兴趣日益浓厚，随着技术进步，元宇宙能够互联互通，让用户有更好的体验，这为虚拟土地开发和商业应用提供了更多的机会。整合人工智能、增强现实和跨平台兼容性将进一步提高元宇宙用户的体验，吸引更广泛的受众。

驾驭元宇宙的复杂性可能很困难，尤其是在虚拟土地方面。与成功的元宇宙开发公司合作可以让投资者获得在这个快速发展的行业中取得成功所需的知识和工具。投资者可以通过理解环境、利用适当的工具并与知识渊博的开发服务商合作，成功把握前沿的机会并发挥其潜力。

三、如何设计虚拟物品

"元宇宙"一词涵盖了近年来在网络领域内发展起来的一系列体验、环境和资产，为互联网未来的发展指明了方向。

虚拟时尚物品包括数字服装和配饰，旨在供元宇宙中的虚拟形象或数字形象穿戴。虚拟时尚物品使用3D设计软件、增强现实、人工智能等工具创建，也可以作为区块链上的NFT进行交易，可以确保独特性和真实性。

与实体时尚物品相比，虚拟时尚物品具有多种优势。虚拟时尚物品在本质上可持续性更强，不需要任何物质资源，也不会产生浪费。此外，虚拟时尚物品具有高度可定制性，可满足各种体型、肤色和偏好。此外，它允许设计者尝试更多突破现实世界限制条件的实验性设计方案，开辟了实现现实世界中无法实现的创意的途径。

Etro（埃特罗）、Tommy Hilfiger（汤米·希尔费格）、Dolce&Gabbana（杜嘉班纳）和Philipp Plein（菲利浦·普莱因）等知名时尚品牌均参与了元宇宙时装周，这表明很多时尚品牌都认识到元宇宙这个新兴领域的潜力。在元宇宙中，数字身份与实体存在同等重要。

这个趋势标志着重大变革，时尚品牌拥抱元宇宙可能会为时尚行业的经营和营销策略带来新的活力。

时尚行业在努力应对在数字领域展示系列产品和维护品牌叙事的挑战。许多知名品牌都推出了NFT，利用虚拟环境来保持文化相关性、策划沉浸式体验并扩大影响力，以吸引精通新兴技术的用户。

用户在虚拟世界中花费的时间越来越多，从事各种活动，如工作、购物、教育、社交互动和娱乐。与现实世界相比，时尚品牌在元宇宙中具备以下优势：

（1）增强创造力和设计灵活性。虚拟世界为设计师提供了无与伦比的自由度，设计师不受现实世界物理条件约束，利用设计软件创造展现全新创意的数字服装。这也有助于解决与面料和制造工艺相关的实际挑战。

（2）扩大客户覆盖范围。在虚拟世界中，时尚品牌可以建立虚拟商店，让品牌全年全天候接触全球受众。

（3）成本效益比高。建立虚拟商店比实体商店更经济，因为通过使用数字产品，时尚品牌只需生产其产品的数字版本，所以可以消除库存成本。

（4）提高客户参与度。在虚拟空间中，客户可以非常方便地试穿衣服、将各种服饰搭配起来，改变其虚拟形象的外观以跟上潮流，从而让客户能更深层次地参与时尚潮流。

（5）收入来源多样化。时尚品牌可以销售为虚拟形象量身定制的数字资产（如服装、鞋类和配饰），开拓新的收入来源。

（6）防伪。时尚品牌可以通过生成实体服装的数字复制品来降低假冒风险，这些复制品可以作为NFT进行认证，以证明资产的真实性。

（7）保护环境。纺织和时尚行业的碳排放量惊人。虚拟购物和试穿数字服装可以减少对实物样品的需求并减少未售出的库存，从而为保护环境做出贡献。

从设计师的角度来看，元宇宙是一个巨大的数字平台，拥有数十种不同的服务，用户可以与之交互。用户可以自行选择他们想要选择的服务。用户要创建自己在元宇宙中的数字化身。数字化身不仅仅是用户名和图片，还可以是真实人物（用户）的数字孪生体，用户可以使用它与虚拟世界中的任何对象进行交互。就像真实的人一样，数字化身也有身份，可以帮助用户访问相应的服务。

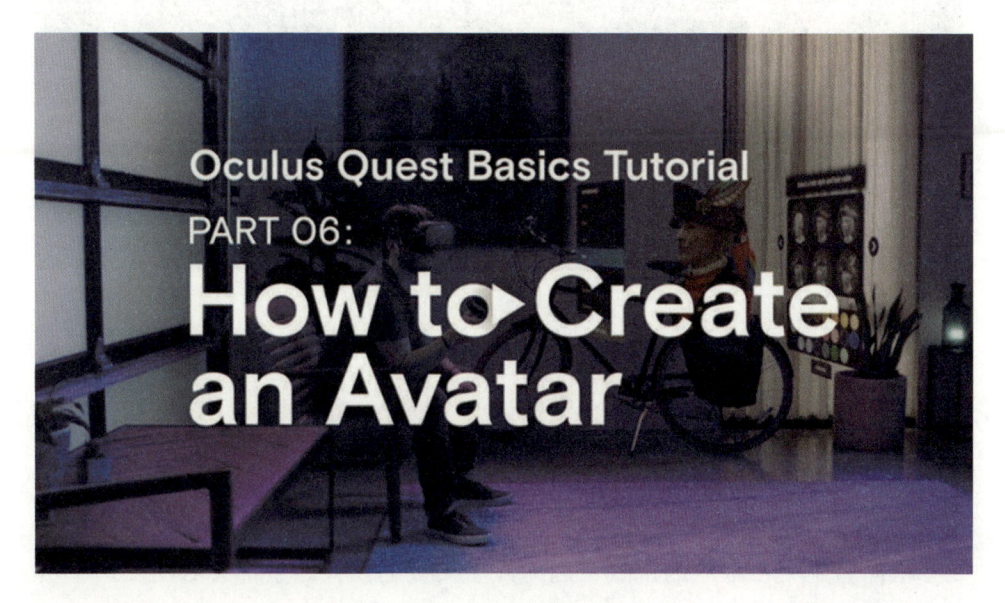

使用Oculus Quest创建数字分身

元宇宙中的空间设计有机会成为Web 3.0的关键元素，Web 3.0是基于区块链构建的新一代互联网。产品设计师将专注于创建3D空间，这些空间可以是现有物理场所（家庭、办公室、俱乐部）的数字映射，也可以是一个全新的世界（空间站、卡通世界等）。但无论虚拟空间是何种类型，都应该让用户感到舒适。

Meta的虚拟办公空间

因为为元宇宙设计意味着为沉浸式世界设计，所以设计师必须拓宽他们的技能。以下是设计师在设计元宇宙空间时需要关注的七个重点：

第一，可访问性。可访问性是优秀设计方案的基本属性。创造可访问的元宇宙体验是一项艰巨的挑战，因为许多关键的设计因素都会对用户产生负面影响，例如许多VR用户会受到晕动症困扰。

元宇宙设计仍处于早期阶段，这为从一开始就构建可访问技术提供了绝佳的机会，而不是尝试优化系统以使其更具包容性。设计师必须找到新的、更舒适的方法，以帮助用户长时间停留在虚拟空间中。

第二，元宇宙中的内容。人们访问网站并使用应用程序获取内容，那么用户在元宇宙中可以获取什么内容呢？用户可以与他们在现实世界中互动的相同类型的内容（文本、音频、视频）进行交互，但他们消费内容的方式可能不同。例如对于元宇宙用户来说，没有必要购买大屏幕电视来观看电影，他们可以依靠可穿戴设备观看电影。

从设计的角度来看，关键是以最适合元宇宙的方式为用户提供内容。没有单一的正确方法来实现这一目标，因此设计师必须尝试各种内容呈现形式以取得理想的视觉效果。

第三，数字商品。元宇宙是一个拥有数字商品的虚拟世界。虽然数字商品有其局限性（用户不能将它们带到现实世界中），但它们也有一个显著的优势：用户在元宇宙中购买的数字商品可以在不同的环境中以不同的方式使用。

例如用户可以买一顶虚拟的棒球帽，在自己喜欢的游戏中和元宇宙的办公室里一直戴着，让它成为自己个人形象中引人注目的部分。当然，这一功能目前还停留在设想阶段，需要运营元宇宙的平台愿意全面支持数字商品。

第四，去中心化支付系统。去中心化支付是元宇宙体验的一个关键方面。在虚拟空间中使用加密货币购买数字商品比使用真实货币方便得多。此外，加密货币可以在用户参与的所有不同的虚拟世界中使用。一些虚拟世界已经证明了这种商业模式的可持续性，比如可以使用MANA币的Decentraland。

第五，增强现实和虚拟现实设计。从技术的角度来看，我们可以期待AR和VR设备的质量不断提高。AR技术是迈向虚拟世界的基础，但元宇宙真正的潜力还是需要通过VR技术展现出来。预计VR技术将在未来十年内对用户产生巨大吸引力，因为它可以创造出逼真的感觉，让用户拥有沉浸式的互动体验。

以下四个领域的技术将会不断改进：

（1）情境理解。系统了解用户所处的物理环境，深度和视角是物理环境的两个重要属性。VR设备将能够更好地展现用户所处的环境，以便设计师能够设计出让用户拥有沉浸式体验的虚拟世界。

（2）设计逼真的面部表情。在很多时候，人是通过非语言信息与他人进行交流的。精细的面部表情有助于传达人们的感受。

（3）手势（头部、手部和身体动作）标准化。手势标准化将使系统能够更好地理解用户的意图，用户也将更容易学会如何使用控制系统。

（4）语音交互。基于语音的交互行为有望成为虚拟世界的重要基础。在虚拟环境中，使用语音与外界交互会带来很多便利。

第六，隐私保护。隐私、安全和数据保护是元宇宙设计中不可或缺的部分。设计防止用户受到网络欺凌的空间很重要。用户应该有自由决定他们想和谁在一起，并将对他们产生负面影响的事物从他们的周边环境中移除。产品设计师需要与数据安全专家以及行为心理学家密切合作，创造更安全、更人性化的服务。

第七，更少侵入性广告。元宇宙中存在基于展示广告的商业模式。然而，广告在虚拟世界中的侵入性可能要大得多。在这个世界里，用户的一举一动都会被追踪，系统可以有针对性地向用户展示优惠信息。但这样做的风险非常高，用户可能因为讨厌太多广告而离开元宇宙。

第四章
如何在元宇宙中创造财富？

第二节 在游戏与时尚领域淘金

如果用户喜欢游戏并想通过游戏赚钱，那就可以在元宇宙中探索一些可以边玩边赚的游戏。通过这些游戏，用户能够赚取某种形式的回报。回报的具体形式取决于游戏的类型。在赚取回报后，用户可以将加密货币等形式的回报转换为现实货币。The Sandbox和许多平台都支持用户边玩边赚。用户可以免费加入这些平台，随着用户获得更多的经验和专业知识，获得稳定的资金流的难度就会逐渐降低了。

在元宇宙中，用户会发现穿戴不同数字服装和配饰的头像和角色。这些数字服装和配饰可以由对元宇宙环境熟悉的设计师创建。如果用户自己有设计领域的专业知识和经验，并且想探索元宇宙的时尚热潮，那么就可以尝试开展这方面的业务。设计师可以创建流行且有吸引力的数字服装和配饰，然后进行营销和销售。

一、成为元宇宙视频游戏设计师

视频游戏设计师设计视频游戏的世界、角色、故事、规则和整体游戏玩法。视频游戏设计师团队共同努力将视频游戏从愿景变为现实。

如果您热衷于讲故事、将角色和情节融入互动游戏中，那么视频游戏设计可能是适合您的工作。您可以利用自己的创造力为消费者和教育工作者设计新的视频游戏。

作为视频游戏设计师，您可以为计算机和游戏机创建游戏。您可以做很多工作，从构思游戏创意到开发角色、设计情节和设置游戏功能。您将成为游戏创意团队的一员。

您不仅可以创想概念化的想法，还可以设计玩家玩游戏的细节，创建不同难度的游戏，并确定游戏时间。在某些情况下，游戏设计师可能要编写部分游戏代码并确保音频和视频顺利运行。

视频游戏效果图

您需要掌握的知识包括：关卡设计、动画与视觉开发、用户体验、虚幻引擎、视频游戏开发、游戏设计、原型设计、用户界面、音频开发、视频游戏设计、3D建模、3D动画、视觉效果、C++编程基础知识、蓝图可视化脚本、用户体验（UX）设计、用户界面（UI）设计、游戏测试、视频游戏关卡设计、虚拟世界构建等。

视频游戏设计师负责创建游戏的主题、角色、情节和技能树等。游戏开发者负责游戏编程和测试工作，确保游戏流畅运行。

视频游戏设计师可能会从头到尾从事一个项目，或者拥有一项专业化的职能。例如一些游戏设计师可能担任音效工程师或游戏测试员，其他人可能会担任关卡设计师。

除了视频游戏设计师外，还有一些其他职位与开发元宇宙游戏有关。多媒体艺术家和动画师为游戏创建图形和交互式图像，他们还可以在影视制作行业工作。

视频游戏的艺术总监将负责图形设计，并确保它们传达游戏玩法所需的视觉概念。艺术总监还可以在广告、出版和影视制作领域找到工作机会。

平面设计师为视频游戏创建视觉元素，具体工作包括使用设计工具为游戏项目选择图像、字体和颜色等。

Web开发人员和数字设计师的职责是确保游戏可访问且所有功能正常运行。

视频游戏设计师需要掌握各种技能才能制作出令人愉悦的游戏。视频游戏设计师需要具备以下技能：

职场技能：视频游戏设计需要设计师与不同复杂程度的团队合作，才能将游戏创意变为现实。这就需要视频游戏设计师具备沟通技巧、创造力、灵活性、解决问题的能力、项目管理以及资源管理的能力等。

技术技能：视频游戏设计师需要实现视频游戏的功能，因此要能够使用计算机图形、动画制作工具，熟悉设计理论并了解软件和硬件的开发工具及流程。

二、设计游戏皮肤 NFT

在元宇宙中，数字藏品已成为人们关注的焦点。这些数字藏品有不同的形式，从在线武器到游戏皮肤，五花八门。此外，NFT日益普及改变了人们与这些数字藏品互动的方式。如今，游戏玩家可以将它们变现，这就是为什么游戏皮肤NFT越来越有吸引力的原因。

游戏玩家可以使用游戏皮肤定制游戏的角色、武器、配件等数字资产。它可以让游戏玩家有个性化的游戏体验，是让某位游戏玩家区别于其他玩家的东西。

在传统游戏中，游戏皮肤仅是游戏内的参数，只在游戏内有价值。如今，随着区块链技术日渐成熟，游戏皮肤也可以是NFT。这意味着游戏皮肤NFT可以出售和交易，以换取加密货币，让游戏玩家从中赚钱。

游戏皮肤NFT具有唯一的识别码和元数据，使它们具有独特性并可以彼此区分。正是这种独特性使得游戏皮肤等NFT无法复制，也无法与其他NFT完全同等地交换。

但是，游戏皮肤NFT仍然可以在边玩边赚游戏中创建、交易和实施。每个游戏皮肤NFT都需要遵循其对应的智能合约的规则。这种类型的合约具有按照其标准在区块链中自行执行的代码。

人们购买游戏皮肤NFT主要出于两个原因：独特性、可以在NFT市场上交易。

用户在数字平台上花费的时间越来越长，而边玩边赚游戏的市场规模也在快速增长。随着越来越多的视频游戏允许游戏玩家在虚拟世界中使用游戏皮肤，玩家对于游戏皮肤NFT的重视程度越来越高，视频游戏创作者也意识到了这一点。

尽管游戏皮肤NFT无法物理触摸，只能通过屏幕看到，但游戏玩家仍然愿意为它们付费。归根结底，这些游戏皮肤NFT会以某种方式展现游戏玩家的个性和审美。

作为NFT，游戏皮肤NFT可以在NFT市场上交易或出售给特定买家。这使得游戏皮肤NFT不仅可以作为其所有者的虚拟代表，而且可以让其所有者赚钱。游戏玩家可以将它们兑换成加密货币或与他人进行交易。

目前，很多元宇宙游戏都是建立在区块链技术之上的。这意味着游戏玩家可以选择收集和交易武器、游戏皮肤、技能和角色等形式的NFT。游戏玩家可以在市场上出售这些NFT以获取利润。

三、创建虚拟时装秀

时尚行业在不断发展，近年来，虚拟时装秀已成为展示新款时装并以更可持续、包容和易于理解的方式吸引观众的焦点。创建虚拟时装秀，不仅能吸引观众，还能引领时尚界的潮流。

1.明确主题

在虚拟时装秀上演之前，主办方需要一个清晰的愿景和主题。主办方需要考虑当前的趋势，并确定目标受众。无论是想宣传可持续时尚、新兴设计师，还是提高特定的文化影响力，明确的主题都将有助于主办方在策划虚拟时装秀的过程中做出决定。

2. 组建团队

组织虚拟时装秀需要一支由才华横溢的成员组成的多元化团队，包括设计师、模特、虚拟布景设计师、动画师、程序员和专业营销人士。在选择团队成员时，主办方要寻找具有相关经验、对主题充满热情并具有协作精神的人，以确保顺利完成虚拟时装秀的组织过程。

3. 创建故事脚本

在确定主题并组建团队后，主办方需要为虚拟时装秀编写故事。主办方要制作故事脚本板，概述事件顺序、模特入场方式和关键视觉元素。这不仅可以突出主办方的设计理念，还可以讲述一个引人入胜的故事，让观众从头到尾参与其中。

4. 设计虚拟环境并选择技术平台

主办方要选择一个平台来创建虚拟时装秀，例如VRChat（VR聊天）、Unity（团结）等。主办方需要设计一个能够反映主题和概念的虚拟环境，并且做好用户体验相关模块的设计，例如导航、交互和视觉吸引力等。合适的平台将让观众无论身在何处都可以轻松参加和欣赏虚拟时装秀。

5. 开发3D时装设计和模特头像

主办方可以使用CLO、Marvelous Designer（了不起的设计师）等软件将时装单品的设计方案转换为3D设计方案，然后设计和装配3D模型头像，以满足目标受众多样性和包容性的要求。主办方要密切关注服装纹理等细节，确保模型可以进行动画处理，以带来逼真的感觉。

6. 为虚拟时装秀制作动画和编排

主办方要编排模特的动作、节奏和时间，创造动态的时装秀体验，可以使用动作捕捉或关键帧动画技术让模特显得生动，将动画与音乐和其他音频元素同步，以实现无缝演示。

7. 测试和完善

在盛大亮相之前，主办方要多次进行时装秀彩排，以发现和调整问题以及需要改进的地方。主办方还要收集团队成员和测试人员的反馈意见，以改善用户体验，并解决各种技术问题，以确保虚拟时装秀流畅、完美。

8. 推广和营销

主办方需要制订营销计划以吸引目标受众并制造轰动效应。主办方可以利用社交媒体话题、"网红"推荐等方式激发人们的兴趣，并制作宣传材料，如预告视频、数字海报和幕后内容等。为了进一步提高内容创作水平，主办方可以考虑使用视频制作工具制作引人入胜的视频片段，激发观众的兴趣并让他们一睹未来的发展趋势。

9. 举办虚拟时装秀

在活动当天，主办方要设置虚拟空间、管理访问权限，并确保所有与会者都能获得流畅的用户体验。主办方还要主持活动并通过聊天或语音通信与观众互动，为他们可能遇到的任何技术问题提供支持。

创建虚拟时装秀可能是一种具有挑战性但有益的体验，它突破了时尚行业创造力和创新的界限。通过上述步骤，主办方可以将愿景变为现实，吸引来自世界各地的观众。通过虚拟时装秀，主办方可以利用技术的力量促进包容性和可持续发展，拥抱时尚的未来。

第三节　内容创作与活动赚钱

现实世界中的自由职业者可以在元宇宙中发挥自己的技能并赚取收入。作家、摄影师、设计师、程序员等可以通过多种方式在元宇宙中赚钱。随着元宇宙的影响力不断扩大，众多企业加入虚拟世界，对虚拟劳动力的需求随之增加。

我们可以通过在元宇宙空间中组织和安排电影放映和音乐会赚取收入。通过这种方式，我们可以帮助来自世界各地的个人和家庭在元宇宙中建立联系和社交互动。我们可以通过收取入场费来赚钱，比如出售门票让人们进入活动场地。我们组织的活动还可以帮助刚接触元宇宙的人了解元宇宙的运作方式以及如何最大限度地利用元宇宙中的机会。

一、制作虚拟旅游视频

根据Statista[①]的一份报告，到2027年，虚拟旅游的市场规模有望达到241亿

[①] Statista是一个全球综合数据资料库，提供的数据涉及世界主要国家和经济体。Statista 庞大的数据资料内容及其强大的搜索技术可以帮助用户及时有效地找到自己需要的统计数据资料和各国的市场信息。

美元。随着互联网演变为3D空间（元宇宙），传统的旅游体验正在发生巨大的转变。元宇宙可以提供虚拟旅游体验，以便游客更好地规划行程；提供3D目的地体验，以促进游客预订旅行订单；提供穿越时空的旅游体验，让游客体验特定的历史事件；提供沉浸式文化体验，让游客加深对文化的理解；提供环保探索，鼓励人们采取行动保护地球。这些虚拟旅游服务丰富了游客的体验，预示着虚拟旅游与实体旅游相辅相成的未来，将让更广泛的受众能够欣赏世界奇观，为数字时代更具包容性、可持续性和丰富性的旅游形式铺平道路。

1. 虚拟目的地旅游

元宇宙是一个3D互联网，允许用户参与交互式虚拟或增强现实体验，改变探索世界上最受欢迎的旅游目的地的方式。用户无须出门，就可以通过Google Earth VR（谷歌地球VR）等平台在虚拟世界游览标志性地标、历史遗迹和令人惊叹的自然奇观。Google Earth VR平台允许用户虚拟探索著名地标，如埃菲尔铁塔、中国长城和大峡谷，提供360度全景体验。这项数字创新改变了旅游行业的格局，将现实与虚拟无缝融合，让探险者可以通过令人惊叹的3D方式环游世界。

虚拟目的地旅游

虚拟目的地旅游的案例包括：

Thomas Cook（托马斯·库克）旅游公司利用直升机飞越曼哈顿的实际记录为游客提供了360度VR游览体验，预订量增加了190%。

纽约万豪酒店和伦敦万豪公园巷酒店的客房提供VR设备，客人可以使用VR设备虚拟游览中国、卢旺达和智利等目的地。这种体验提高了入住客人的满意度。

总部位于东京的First Airlines（第一航空）公司提供VR沉浸式旅行体验，配有飞机的足尺模型，为无法进行实地旅行的乘客提供巴黎等目的地和凡尔赛宫等标志性地点的虚拟游览体验。

对于许多旅行者来说，可访问性是虚拟旅行的一个关键优势：行动不便、经济拮据或受其他条件限制的个人可以体验旅行的乐趣。此外，虚拟旅游为传统旅行提供了一种经济实惠的替代方案，可以免除昂贵的航班、住宿和其他相关费用。从保护环境的角度来看，虚拟旅游可以显著减少与全球旅行相关的碳排放，支持可持续发展。虚拟旅游兴起可以减轻过度旅游对脆弱生态系统和历史遗迹的压力，确保它们完好无损地保存下来。

2. 沉浸式文化体验

元宇宙开启了一个可以进行沉浸式文化体验的世界，让用户可以参加世界各地的虚拟节日、音乐会和文化庆典。它打破了地理限制，让人们能够以多种多样的互动方式参与以前因距离或成本等因素影响而无法参与的活动。这个虚拟平台扩大了文化参与的范围，促进了人们对不同传统和艺术形式的更深层次理解和欣赏，让全球各地的人们更加紧密地联系在一起。

火人节[①]已在Sansar（桑萨）等虚拟平台上重现，为参与者提供了沉浸式体验，复制了实体活动的艺术形式，体现了其精髓。英特尔、Linden Lab（林登实验室）的Sansar Studios（桑萨工作室）和史密森尼学会合作开发了一个VR展览，忠实地再现了美国艺术博物馆伦威克画廊"无观众：火人节的艺术"展览，让游客有机会在虚拟空间中探索实体世界展览中的标志性作品。这种虚拟表现形式允许个人与艺术作品互动，为艺术品和节日本身提供了独特的视角。这些虚拟体验旨在让参与者沉浸在另一个地方，创造一种存在感，并与艺术相联系，同时扩大文化活动的可及性和参与度。

3D互联网对促进文化交流和理解具有重大的潜在影响。通过方便人们参与各种文化庆典，虚拟世界使来自不同文化背景的人能够在可以进行形式丰富的互动活动的虚拟空间中分享和了解彼此的传统和价值观。这种沉浸感可以培养同理心，并加深了人们对文化多样性的理解，因为参与者可以积极参与文化叙事，而不仅仅是观察。

3. 虚拟目的地旅游营销

元宇宙为虚拟目的地旅游营销开辟了新领域，为旅游局、酒店和景点提供了创建沉浸式宣传内容的工具。通过VR技术，游客可以探索世界各地的旅游目的地、酒店和景点，"先试后买"，在收拾行李之前就能体验旅行的乐趣。这种创新的营销方式有可能改变客户与潜在旅游目的地的互动方式，并最终提升游客前往旅游目的地的可能性。

[①] "火人节"始于1986年，其基本宗旨是提倡社区观念、包容、创造性、时尚以及反消费主义，在美国内华达州黑石沙漠中举行，时间为每年9月的第一个星期一。

迪拜旅游局实施了VR旅游活动，通过网络或迪拜旅游局APP上的沉浸式体验推广迪拜的景点，从哈利法塔到迪拜水族馆。迪拜旅游局还与斯堪的纳维亚旅行社Ticket（票）合作，提供沉浸式体验，以促进迪拜旅游业的发展。作为活动的一部分，Ticket在69家门店培训了约330名销售人员，让客户通过VR设备体验迪拜风光，并鼓励客户预订旅游行程。这项活动使当地预订迪拜旅行的游客数增加了20%。

虚拟旅游目的地营销的好处包括以下三点：

（1）参与度提高。与传统媒体相比，VR技术提供了游客在虚拟世界探索旅游目的地的机会，加深了游客的情感联系和参与度。VR体验比传统2D内容吸引观众的时间增加了34%，比平板屏幕上的360度视频吸引观众的时间增加了16%，这充分说明了VR体验可以深化游客的情感联系和参与度。

（2）激发游客兴趣。目的地的虚拟体验可以激发游客实地参观的愿望，有效地将意向、兴趣转化为游客的旅行计划。

（3）明智的决策。借助VR技术预览酒店和景点有助于游客做出明智的旅行决策，提高满意度并做好预期管理。根据Statista的一份报告，53%的游客希望通过3D互联网更好地规划旅游行程。

4. 文化教育

元宇宙中的虚拟现实文化教育体验允许用户在虚拟世界中参观历史遗迹，参与文化仪式，并以过去只能通过实地旅行才能实现的方式与文物互动，了解特色文化。例如用户可以游览在虚拟世界中重建的古代城市，了解它们的历史、建筑和社会。这种亲身实践的教育方法可以提高学习效果，并促进人们更好地欣赏和理解全球各地的文化。

AltspaceVR（改变空间VR）是一个成立于2013年的平台，举办活动、研讨会和会议等虚拟社交聚会。该平台还允许用户通过VR技术进行文化教育，提供虚拟的"语言交流"活动，让用户体验沉浸式和互动式学习。通过AltspaceVR的社交虚拟现实平台，用户可以参与虚拟语言交流会议、探索虚拟环境，与他人互动并进行讨论，以提高自己的语言技能、加深对文化的理解。

世界经济论坛全球合作村与埃森哲、微软合作创建了一个沉浸式3D互联网体验。它通过多感官体验让用户仿佛置身于亚马逊雨林，可以了解亚马逊雨林及其土著社区的情况。这种体验结合了艺术、舞蹈、音乐和语言，突出了该地区及其土著社区的生态和文化意义。

虚拟世界中的虚拟现实文化教育提供了一个新的途径，促进全球各地的人们相互理解彼此的文化、互联互通。其影响力巨大，主要表现为以下三点：

（1）提高学习可及性和培养文化意识。虚拟世界可以使更多的用户能够接受文化教育，并有助于培养文化意识，消除学习全球文化的地理障碍和经济条件限制。

（2）发展语言技能。虚拟环境给用户提供在相关文化背景下与母语人士进行实时语言练习的机会，从而帮助用户提高语言能力，加深了用户对文化的理解。

（3）保护文化遗产。3D互联网可以作为数字档案，用于保存有可能失传的文化习俗和传统，确保它们在未来可以用于教育体验。

5. 生态旅游

元宇宙可以通过提供VR体验将用户带到世界各地的生态敏感地区，从而彻底改变生态旅游的现状。这些沉浸式3D环境允许用户足不出户就能探索自然栖息地并了解生态保护工作，从而最大限度地减少与传统旅游相关的生态足迹。通过虚拟现实生态旅游，元宇宙可以成为环保宣传、教育和促进可持续旅游实践的强大工具。

非营利环保组织保护国际基金会提供了一系列的VR体验，旨在提高人们对保护环境的认识，以故事的方式给参与者沉浸式体验，从而激发参与者保护环境和生物多样性的意识。例如该组织的互动虚拟活动"我的非洲：大象饲养员"让参与者虚拟体验在肯尼亚北部的雷特蒂大象保护区照顾一头小象，激发参与者保护野生动物的热情，促进该地区的环境保护工作。另一个值得注意的虚拟现实体验是"树冠之下"，这让观众虚拟体验穿越亚马逊雨林，了解该地区的生物多样性，并认识到保护这一重要生态系统的重要性。

虚拟现实生态旅游在以下四个领域有突出的优势：

（1）环保宣传。虚拟现实生态旅游可以生动地展示气候变化等环境问题，是宣传环保知识、促进环境保护工作的有力工具。

（2）教育机会。虚拟现实生态旅游提供了一个关于生物多样性和环境保护的互动学习平台，让用户可以方便地学习环保知识。

（3）旅游可持续发展。通过模拟旅游体验，虚拟现实生态旅游减少了传统旅游的生态足迹和环境影响，可以促进旅游的可持续发展。

（4）支持环境保护。参与虚拟现实生态旅游可以激励用户通过捐赠、参与活动等方式支持环境保护项目。

创作具有沉浸感和有吸引力的内容是制作优质VR视频的关键，我们可以运用以下七个技巧制作VR视频。

第一，突出VR视频的最佳功能。一旦决定在VR视频中展示哪些内容，我们就可以开始制作VR视频了。例如我们要宣传酒店或者度假村，那就要展现其中最吸引人的部分，而不仅仅是酒店或度假村的概况。如果酒店位于风景区，那么展示酒店周围环境并根据其位置创建故事将是一个好主意。通过突出度假村广受欢迎的项目，例如高尔夫球场、海滩和水疗护理服务，我们就可以吸引观众进行预订。

第二，展示服务内容。虚拟现实是一种很好的工具，让我们可以向潜在客户展示服务内容，而无须他们实地访问。客户能够在舒适的家中体验服务内容。

第三，创建可在不同设备上访问的VR视频。虽然虚拟现实的内容最好通过VR设备体验，但我们也要让用户可以使用其他工具体验VR视频的内容，以扩大客户范围。我们要确保VR视频也可以在移动终端、台式电脑上访问。

第四，创建以沉浸式方式讲述的故事，并让客户获得互动体验。在制定VR营销策略时，我们要记住VR视频不仅可以传达品牌信息，还可以让客户有身临其境的感觉。我们可以通过讲述有吸引力的品牌故事，让用户在VR视频中感受品牌的魅力。为了使故事更具感染力，我们要使用交互式视觉和音频功能，并设计既出人意料又在情理之中的故事结局。

第五，瞄准国际客户。我们不应该只联系自己所在地附近的客户。虚拟现实可以让我们为更广泛的客户群创建内容。我们可以用不同的语言创作VR视频，从而提高它对世界各地的客户的吸引力。

第六，使用社交媒体。很多受欢迎的社交媒体平台都支持VR视频格式。由于技术进步，用户现在比以前更容易访问VR视频。不仅大品牌采用虚拟现实技术开展营销工作，中小企业也可以利用虚拟现实技术参与市场竞争。创造性地使用虚拟现实技术开展营销，将提高我们在社交媒体上的客户参与度。

第七，避免过度关注细节。在尝试制作VR视频时，我们要了解VR视频制作技术与传统视频制作技术的不同之处。在传统视频中，我们可以借助高清视频展示细节，从而增强用户的体验。然而，在VR视频中，过度关注细节可能会影响用户的观看体验。

二、创作互动故事

随着企业不断探索虚拟世界，许多企业正在寻找新的方法来利用数字空间。麦肯锡公司发布的报告估计，到2030年，虚拟世界创造的价值可能高达5万亿美元。这是企业可以挖掘的巨大机会。

随着虚拟世界越来越受欢迎，企业为客户创造引人入胜和身临其境的体验的需求也在不断增长。这就是视觉叙事发挥作用的地方。

了解一定营销知识的人都知道讲故事的重要性。这是一种与受众建立联系，并激发客户对企业的产品或服务产生兴趣的有效方法。但是当这种方法应用于虚拟空间时，会发生什么呢？

虚拟现实技术发展和元宇宙兴起为我们提供了一个全新的机会，让我们能够以富有创意和引人入胜的方式讲述我们的故事。由于有机会接触到全球的受众，虚拟世界中的视觉叙事可以成为一种极其有效的内容营销工具。

通过正确的策略，我们可以使用视觉叙事为客户创造令人惊叹和难忘的体验。那么我们该如何开始呢？

视觉叙事是一种使用图像、视频和其他视觉元素来讲述故事的方式。这是一种吸引观众并激发他们对企业的产品或服务产生兴趣的有效方式。

在过去十年中，视觉叙事的流行度激增。Instagram（照片墙）、抖音和

第四章
如何在元宇宙中创造财富？

小红书等平台让人们可以轻松地分享照片和视频，人们注意力的持续时间变短了。人们更倾向于观看用时短的内容。

在元宇宙中，视觉叙事可以成为一种强大的工具。我们可以使用视觉叙事创建令人惊叹且逼真的环境，让客户以全新的方式探索内容，与产品进行互动。

一些企业已经在使用虚拟世界为他们的客户创造身临其境的体验。例如耐克创建了Nikeland，这是一个虚拟世界空间，人们能够以自己的虚拟形象在其中进行探索和互动。

Nikeland是耐克的粉丝相互联系并与耐克进行互动的空间。Nikeland对所有人开放，耐克在其中举办各种活动。除了作为聚会和结识新朋友的地方之外，Nikeland还为粉丝提供赢取奖品、参与挑战和了解品牌信息的机会。

对于耐克来说，Nikeland提供了一个与客户建立更深层次关系的机会，并创造了一些在现实世界中不可能实现的新体验。

Nikeland的宣传资料

现代汽车在Roblox上推出了虚拟世界空间"现代移动冒险"。它允许用户探索现代汽车的产品和未来的移动解决方案，定制自己的头像，并结识其他用户。

"现代移动冒险"的目标客户是精通技术且熟悉虚拟世界的年轻消费者。通过提供这种体验，现代汽车能够与粉丝建立长期的关系，并以有趣和能够互动的方式介绍现代汽车的产品。

随着越来越多的用户进入元宇宙，企业也将继续加大对元宇宙的投资。我们可以期待在这个虚拟世界中看到更多视觉叙事的创意用途。

元宇宙为企业提供了一个独特的机会，可以创造视觉叙事体验，以新的方式吸引用户并让用户获得沉浸式体验。

虽然企业可以使用传统互联网开展营销活动，但元宇宙提供了一个动态和交互式的平台，可以将视觉叙事提升到一个新的水平。

企业可以通过以下五种方式使用元宇宙进行视觉叙事。

第一，使用VR技术创造沉浸式体验。沉浸式体验是叙事的发展趋势，VR技术是创造这种体验的完美工具。我们可以使用VR技术将观众带到虚拟世界，让他们按照自己的节奏探索虚拟世界。这让他们能够以主人翁的视角体验故事，并发现故事中的秘密。

更重要的是，我们可以使用VR技术创造真正的互动体验。观众可以选择他们想要体验故事的方式，我们可以为他们设计不同的体验路径。这种可以自由选择的体验方式能够确保每个观众都有独特的体验，并且他们会在未来几年内记住这个故事。因此，如果我们希望为观众创造身临其境的体验，那么元宇宙就是一个非常好的选择。

第二，使用3D环境让产品栩栩如生。人们越来越习惯在虚拟世界中生活，找到与潜在客户互动的新方法非常重要。使用3D环境让产品栩栩如生就是方法之一，这是为我们的产品发布或营销活动增加额外互动性和刺激性的绝佳方式。

通过使用3D环境，我们可以让客户有机会从各个角度探索产品并了解其工作原理。我们还可以利用这个机会以提供沉浸式体验的方式讲述品牌故事。在元宇宙中，一切皆有可能。因此，我们要利用这个独特的平台让自己的产品栩栩如生。

第三，使用动画角色和头像与客户互动。越来越多的企业进入元宇宙，寻找在新环境中与客户互动的方法。最有效的方法之一是使用动画角色和头像。通过使用动画角色和头像，企业可以为客户创造更具吸引力和更强互动性的体验。头像可用于代表员工向客户展现可与之互动的外貌特征，并暗示个性。动画角色还可用于引导客户在元宇宙中行动或提供信息和帮助。由于元宇宙中的动画角色不受现实世界物理定律的约束，它们可以做在现实世界中不可能做到的事情，因此是展示产品或服务的理想选择。

在元宇宙中使用动画角色和头像的企业发现，这是一种与客户互动并创造更具沉浸感体验的有效方式。随着元宇宙的不断发展，我们将会看到越来越多的企业使用这种方法与客户建立联系。

第四，使用AR技术融合现实世界和虚拟世界。随着技术的进步，AR技术的使用范围越来越广泛。AR技术允许用户将数字内容叠加在现实世界之上，创造出身临其境的体验，模糊了物理现实和虚拟现实之间的界限。这对讲故事有着潜在的影响，因为这开辟了创造和体验故事的新方式。

AR技术可用于创建交互式3D故事，可根据用户的位置以不同的方式体验这些故事。此外，AR技术还可以在物理空间中让角色栩栩如生，或用于创建对用户动作做出反应的虚拟环境。

第五，使数据可视化，用数据讲故事。在元宇宙中，用数据讲故事是吸引观众并有效传达信息的关键。数据可视化可以帮助我们以一种易于理解的方式传达复杂的想法，还可以帮助我们讲述难以用文字讲述的故事。

通过使用不同类型的数据可视化形式，我们可以突出显示数据的不同方面，以合适的方式讲述完整的故事。随着元宇宙的出现，数据可视化将变得更加重要。

随着越来越多的企业进入虚拟世界，视觉叙事正成为企业与客户互动和有效传达信息的重要方式。虚拟世界能够创造身临其境的互动体验，为以创新方式讲述故事提供了无限可能。3D环境、虚拟形象、增强现实和虚拟现实等技术让企业在这个新的数字空间中能够更好地讲述自己的故事。

在未来，我们可以看到越来越多的企业和组织将虚拟世界用作营销、公关甚至教育的平台。随着虚拟世界越来越受欢迎，视觉叙事将成为吸引观众和传达信息不可或缺的工具。

凭借其无限的潜力，虚拟世界视觉叙事的未来不可限量。因此，如果我们想走在时代前列，那就从今天开始在虚拟世界中讲述故事吧。

三、活动策划服务

元宇宙中的活动管理包括在虚拟现实和增强现实环境中规划、协调和执行活动。虚拟平台已经改变了活动的组织和体验方式，为数字空间中的参与者提供了身临其境的互动体验。无论是会议、音乐会、展览、研讨会还是社交聚会，活动策划人都可以利用元宇宙的独特功能来创造引人入胜且令人难忘的活动。

在元宇宙中，活动策划人有机会跳出固有的思维模式，设计超越地理界线的活动。他们可以创建虚拟空间，也可以复制现实世界的场地，定制头像，并结合实时聊天和虚拟网络等互动功能，利用先进技术提高与会者的参与度并为他们提供超预期的体验。

此外，元宇宙中的活动策划人需要深入了解数字环境，熟悉在元宇宙中举办活动的技术要求，随时了解新兴技术的发展趋势。

在元宇宙中举办活动涉及创建引人入胜的数字体验的五个关键步骤。

第一步：定义活动概念和目标。策划阶段是在元宇宙中成功组织活动的第一步，也是最重要的一步。这个关键步骤需要确定一些选择和行动，为整个活动奠定基础。

这涉及设定明确的目标、组建专家团队、选择合适的平台、准备合理的预算、处理法律问题和开发有趣的活动概念。这些基础工作对于元宇宙中活动构思和实施的后续阶段至关重要。

第二步：技术设置。技术设置是将活动概念落实为功能性虚拟体验的步骤，需要设置选定的平台、制作头像以及开发虚拟空间。

此外，集成实时聊天、虚拟区域网络和多媒体演示等互动元素对于吸引观众至关重要。为了给与会者提供高质量的体验，确保完美的视听质量、验证用户的可访问性和解决技术问题至关重要。

第三步：营销和推广。这个步骤的重点是吸引与会者。我们可以使用多种营销方法和平台接触潜在的与会者。

我们可以通过创建引人入胜的活动内容和预告片，提高潜在参与者对活动的兴趣。我们可以通过社交媒体、意见领袖联盟和元宇宙社区提高营销和推广的效果。我们还可以通过票务系统和开发基于层级的访问替代方案提高活动的参与率。

我们可以根据用户的偏好和预算，分等级为与会者提供不同的活动。例如基本等级可以拥有主活动会议的入场券，VIP等级可以参加高端研讨会、闭门访谈等额外的活动。这种策略最大限度地提高了活动的包容性，让与会者可以根据他们需求和兴趣自由选择最适合的活动。

第四步：活动执行。活动执行是以精心策划和准备为基础的。这个步骤需要协同工作，给与会者创造身临其境的体验。

为了解决可能出现的任何问题，实时技术支持人员是必不可少的。这样可以在活动期间快速调整技术参数，让与会者获得最佳体验。

第五步：活动后评估。在活动结束后，我们还要进行活动后评估。这个步骤包括多项操作，例如从与会者那里获取意见和建议，以确定与会者的满意度并了解可以改进的地方。分享精彩片段或会议的音频、视频，以及会议报道，可以让与会者在活动结束后很长一段时间内对会议的内容保持兴趣。

我们可以合理使用户生成的内容（包括图像和录音），以在活动结束后，在社交媒体上引起热议。此外，安排后续会议、虚拟聚会或交流机会，可以维护与会者在活动期间建立的关系。

在元宇宙中举办活动的成本可能会有很大差异，这取决于许多因素，包括活动本身的复杂性、所选的元宇宙平台、预期的与会者人数、活动的定制水平以及活动体验中的各项功能。

元宇宙平台可能会根据各种标准向活动主办方收费，包括活动举办方式、与会者人数和功能集。要创建一个引人入胜的虚拟场所，需要在3D建模、交互功能和沉浸式视觉效果方面进行投资，其费用与设计方案的复杂程度成正比。

技术费用包括视听设备、流媒体服务和技术支持人员,以确保活动执行的效果。营销费用包括社交媒体营销、创建营销材料等方面的费用。可能影响费用的其他因素包括内容制作、头像定制、网络工具、安全预防措施、培训和活动后评估等环节产生的费用。

为了精确估计活动成本,我们需要仔细评估相关服务提供商的报价,并且深入研究元宇宙平台的情况。通过预测门票销售、赞助或其他来源的潜在收入,我们可以结合成本预算,衡量活动的财务可行性。

传统活动和元宇宙活动代表了两种截然不同的聚会和参与方式。在传统活动中,与会者在预定地点聚集,面对面互动,受到地理条件的限制。相比之下,元宇宙活动发生在不受地理条件限制的虚拟环境中,与会者通过可定制的头像进行互动。

在元宇宙中举办虚拟活动,也会存在一定的风险,包括骚扰和不当行为等。由于虚拟空间的匿名性规则,人们可能会做出他们在现实世界中想做而不敢做的事情。虚拟活动的主办方需要做好预防措施。

虚拟活动还存在其他一些问题,包括可能发生的泄露隐私、技术困难等,以及由于缺乏技术知识而可能出现的数字鸿沟。为了减少这些问题带来的影响并创造一个温馨的环境,虚拟活动主办方应该制定明确的行为准则,强调数据安全并提供便于与会者理解的信息。

虚拟活动主办方还应当通过使用安全的内容交换协议、谨慎选择平台、进行全面测试,并提供透明的通信渠道,以降低由于侵犯知识产权、平台可靠性问题以及因缺乏有效沟通而引起误解等情况带来的风险,为所有与会者创造一个安全可靠的活动环境。

第四节　社区和网络效应

通过使用社交媒体平台，我们可以成为元宇宙影响者并从中赚钱。许多企业和个人愿意参与元宇宙相关的内容，因此我们可以围绕创建内容、如何在元宇宙中开展业务、在元宇宙中进行加密交易、在元宇宙中进行营销等，通过发布有用的内容并在社交媒体上帮助人们了解元宇宙来赚钱。除此之外，我们还可以通过向人们提供与元宇宙相关的咨询服务来获取收入。

一、建立自己的粉丝社区

社区建设是创造成功的元宇宙体验的重要组成部分，需要为参与的用户创造归属感、接纳感和成长感。

归属感是与比自己更大的事物有联系的感觉。在元宇宙中，这可以通过有意义的互动和活动将用户聚集在一个共享空间中，培养用户之间的关系来实现。这可能包括用户在一起竞争或合作完成项目等活动，以及用户了解彼此的社交聚会。通过提供这些让用户联系起来的机会，我们可以创造一个让用户可以舒适地做自己，并与他人建立持久联系的环境。

接纳感是指社区包容多样性，没有评判或偏见的感觉。这意味着社区中的用户需要认识到每个人都有不同的背景和经历，这些背景和经历塑造了每个人对生活的看法。为了让元宇宙用户拥有接纳感，我们要确保所有用户都得到平等对待，无论种族、性别和年龄，都要鼓励公开对话，确保每个人在分享自己的观点或想法时都能够被倾听并得到尊重。这有助于建立一个安全和包容的社区。

成长感是个人发展以及社区本身随着时间推移而取得进步的感觉。因此，我们应该向元宇宙社区成员提供学习新技能的机会，让他们有机会以有意义的方式做出贡献。我们还要为那些在参加活动时表现卓越的人提供奖励。这可以鼓励社区成员追求卓越的表现，奖励那些为社区发展付出额外努力的人。

在元宇宙中建立虚拟社区确实是一项艰巨的任务，但可以带来以下四个好处：

（1）触达全球受众。元宇宙不受地理限制，我们可以在元宇宙中接触到来自世界各地的人们。无论是视频游戏爱好者社区、阅读爱好者社区还是业余程序员社区，元宇宙让无论身在何处的人都可以与他人建立联系。

（2）提供了新的交流方式。元宇宙提供了新的互动和交流方式。我们可以在虚拟会议室中举行会议，在虚拟场所中举办聚会，或在虚拟公园中玩游戏。这些丰富的沉浸式体验可以促进社区成员之间有更深层次的联系。

（3）沉浸式学习。元宇宙中的虚拟社区可以成为很好的学习平台。我们可以创建虚拟教室、实验室或图书馆，人们可以在其中以新颖的交互式方式进行沉浸式学习。

（4）发现新的商业机会。元宇宙还提供了新的商业机会，我们可以在虚拟社区中创建、购买和销售虚拟商品和服务。这可以带来新的商业模式和盈利机制。

建立在元宇宙中的虚拟社区不仅为人们创造了一个聚集的数字空间，也为人们创造有意义的体验和联系提供了可能性，大大丰富了人们的数字生活。

现在，让我们讨论一下如何规划虚拟社区。我们可以从以下四个方面考虑这个问题：

（1）定义社区的目标。我们希望与社区一起实现什么目标？我们是否正在寻找一个空间来分享想法、将具有相似兴趣的人联系起来，或者正在为虚拟商品创建一个新市场？社区的目标将指导我们未来的所有决策，因此从一开始就要明确社区的目标。我们要确定社区的目标受众。我们希望谁加入社区？是游戏玩家，还是艺术家，或是企业家？了解社区的目标受众将帮助我们创建一个吸引他们并满足他们需求的社区。

（2）选择合适的平台。我们要选择合适的元宇宙平台建立虚拟社区。流行的元宇宙平台包括VRChat、Roblox和Decentraland，它们都有各自的优势和局限性，因此选择符合社区目标和目标受众偏好的平台是很重要的。

（3）设计虚拟空间。我们要设计一个与社区的目标和价值观相匹配的空间。它可以是专业社区的虚拟办公室，也可以是游戏玩家社区的游戏竞技场，还可以是艺术家社区的虚拟画廊。

（4）做好发展计划。我们要考虑社区如何发展；随着社区发展壮大，我们需要添加哪些功能；我们如何审核新成员的加入申请。提前做好发展计划将帮助我们避免仓促做出错误的决定。

在有了明确的规划后，我们就可以开始创建一个充满活力和繁荣的社区了。用于构建虚拟社区的工具包括：

（1）虚拟现实平台。VRChat、Decentraland和Roblox等平台提供了一个虚拟环境，我们可以在其中建立自己的社区。这些平台提供了一系列功能，让我们可以定制社区空间并使其独一无二。

（2）3D建模软件。Blender和SketchUp（草图大师）等工具可以帮助我们为虚拟空间设计3D模型。我们可以使用这些工具创建从建筑物到装饰品在内的所有内容。

（3）社区管理工具。管理虚拟社区可能是一项烦琐的工作。用于通信的Discord、用于任务管理的Trello（棚架）和用于跟踪用户行为的Google Analytics（谷歌分析）等工具可以帮助我们做好社区管理工作。

（4）货币化工具。如果我们打算通过社区获利，可以使用Patreon（帕崔恩）和Ko-fi（科菲）等工具。从长远来看，这将有助于维持社区运营。

合适的工具可以使构建虚拟社区的过程轻松、愉快，因此我们要尝试并找到最适合自身情况的工具。

在元宇宙中创建了一个充满活力的虚拟空间后，我们要如何吸引成员加入社区呢？我们可以参考以下四点：

（1）定义社区独特的主张。我们要突出本社区与其他社区的不同之处。这可以是令人叹为观止的虚拟建筑，也可以是引人入胜的活动计划。无论是什么，我们一定要在推广社区时突出它。

（2）联系潜在会员。我们不能期望人们自发加入社区，因此我们要积极联系潜在会员。这可能涉及在相关论坛、社交媒体群组发布消息，甚至直接邀请可能对社区感兴趣的人。

（3）提供奖励。提供虚拟奖励或独家内容是社区吸引新成员的好方法。

（4）营造温馨的环境。当新成员加入时，我们应当确保他们能感到社区的友好氛围。这可能包括社区版主的友好问候或虚拟空间的使用指南等。

我们要记住，在元宇宙中建立虚拟社区的最终目的是创造一个人们愿意花时间参与其活动的空间。

元宇宙中有一些成功的平台，我们可以借鉴它们的思路建设社区。

（1）Decentraland是一个基于区块链的虚拟世界，是繁荣的虚拟社区的典范。用户可以在其上购买土地、建造设施并以各种方式交流互动。Decentraland的独特之处在于其基于加密货币的经济，将虚拟社区中的活动与现实世界的收益相关联。

（2）The Sandbox是一个用户生成内容的平台，允许会员创建、拥有和交易数字资产。这是一个以创造力为基础的虚拟游乐场，因成员持续做出贡献而蓬勃发展，是一个充满活力且不断发展的空间。

（3）作为建立在以太坊区块链上的虚拟世界，Cryptovoxels允许用户购买土地、建造设施并展示他们的作品，是一个充满活力和多元化的社区。Cryptovoxels的用户多为艺术家、收藏家和艺术爱好者。

（4）VRChat是一个虚拟现实社交平台，允许用户使用3D角色模型交流互动。它提供各种各样的活动，包括玩游戏、一起看电影或闲逛。这使其成为一个有趣且引人入胜的社区。

元宇宙中的这些虚拟社区利用了共享经验、成员贡献和有意义的互动行为，设法让其成员拥有强烈的归属感。这证明了在元宇宙中建立虚拟社区确实是一段有意义的旅程。

二、成为社区意见领袖

在虚拟现实、增强现实和区块链等技术推动下，元宇宙正成为我们生活中不可或缺的一部分。

在元宇宙中，个人可以创建数字化身，在虚拟空间进行社交、工作等活动，甚至可以购物。Meta等科技巨头正在大力投资这一数字前沿领域。

元宇宙中的领导力超越了传统领导力的范畴，包括指导元宇宙中的团队、社区甚至社会。要成为一名高效的元宇宙领导者，我们必须考虑自己的言论（无论是在沟通方面还是在影响力方面）将如何影响他人。如果我们想要成为社区意见的领导者，就需要做好以下五个方面：

1. 最大限度地利用元宇宙作为建立人际关系的工具

有效沟通是元宇宙领导力的核心。我们的声音在我们领导和影响他人的过程中发挥着至关重要的作用。

语音聊天正在成为元宇宙体验的基本组成部分。作为领导者，我们的声音可以产生影响，就像在面对面的会议中一样。虚拟现实环境中的语音聊天可以实现更具沉浸感的对话，使声音成为元宇宙领导者的必备工具。

我们要考虑语气、节奏和重音的影响。我们的口语应清晰且具有吸引力，以促进与团队和社区成员有效沟通。在虚拟世界中，声音在会议、课程培训或团队讨论中也可以发挥非常重要的作用，提供个性化、具有吸引力的体验。

我们的言行对元宇宙领导力也有很大影响。我们的言行与我们的价值观以及与他人互动的方式有关。虚拟世界中的领导者必须适应数字环境中与人互动的特殊要求。通过参与虚拟活动、主持讨论以及为团队和社区成员提供指导，我们可以增强存在感。对于提升领导力来说，积极倾听同行的担忧、想法和反馈，与面对面互动同样重要。

2. 使团队成员紧密地联系在一起

由于虚拟世界具有实现前所未有的远程工作和协作的潜力，领导者必须适应管理虚拟团队的挑战和机遇。领导者的言行可以弥合遍布虚拟世界的团队成员之间的分歧。

语音技术和虚拟现实可以促进团队协作。领导者可以使用VR平台召开虚拟会议，即使在数字环境中也能营造出存在感。

有效领导虚拟世界的团队需要清晰的沟通能力、设定期望值和培养协作文化。我们需要强调团队合作、信任和责任的重要性。

3. 建立起有凝聚力的团队和社区

对于虚拟世界中的团队来说，拥有强大的社区文化比以往任何时候都更加重要。数据显示，66%的社区人员表示在工作中有亲密的朋友，这是影响他们继续从事现在的工作的重要因素，但只有34%的员工觉得与同事有密切联系。当团队成员来自全球各地，无法在现实世界的办公室共度时光时，我们需要做好以下三个方面，以培养团队成员之间的联系、改善组织文化。

（1）强调团队价值观。我们要以核心价值观指导组织的决策，并让团队成员团结在一起。我们还可以通过定期发送调查问卷、邀请团队成员反思自己的行为等活动维护团队的核心价值观。

（2）组织活动增强团队凝聚力。我们要为团队成员提供在工作之余相互了解的机会，例如成立虚拟读书俱乐部、在团队成员过生日时举办庆祝活动等。

（3）互相鼓励和认可。我们可以通过正式和非正式的鼓励和认可行为保持团队成员的参与度和积极性，例如评选"月度最佳团队成员"等奖项、在社交媒体上自发地为表现出色的团队成员鼓劲儿等。

4. 有效沟通，将团队成员与组织的目标和未来联系起来

虽然混合工作场所可以提高生产力并为团队成员提供更多便利，但也会给每个成员都按照团队当前的目标和战略计划行动并保持一致带来困难。因此，制定关于使用的沟通工具、响应时间、会议安排和数据安全的规则至关重要。

我们要鼓励高效、简化地沟通和召开虚拟会议，以确保每个人都可以掌握关键信息。团队负责人和团队成员之间要定期进行一对一沟通，并创造充足的机会讨论任何关于组织发展的重大议题。

无论是在组织中寻求实施可持续发展的实践，还是启动新计划，周到的沟通计划都可以提高透明度，并在团队成员之间建立信任。

5. 创造学习机会，从而带来重要的行动和结果

为团队成员提供持续的学习机会，可以帮助他们提升自己的技能和信心。为了满足不同成员的各种偏好，我们可以考虑提供多种学习机会：

（1）基于团队的课程。我们可以让团队成员参加基于群组的在线课程，使学习变得有趣和互动。这些课程让团队成员从专业人士的经验中受益，确保他们了解最新趋势和最佳实践。此外，团队成员共同参加课程可以培养团队凝聚力和团队意识。

（2）导师制。通过导师指导，团队成员之间可以建立牢固的一对一联系。学员可以获得对自己职业发展有益的支持，而导师可以提高自己的领导技能。

（3）定期组织学习相关的活动。这可以让团队成员能够通过虚拟活动分享特定的技能和相关的见解。这些活动可以让员工聚在一起讨论如何改进工作流程、工作中的技巧等。

元宇宙领导力是一个令人兴奋的新领域。这取决于我们的数字存在的真实性、在沟通中的适应性以及对包容性和多样性的承诺。我们的言行是在不断发展的元宇宙中成功发挥领导力的关键。

当我们探索元宇宙并在其中担任领导角色时，我们要记住有效领导的原则始终如一。真实性、清晰的沟通和对包容性的承诺将帮助我们提升在元宇宙中的领导力，并在元宇宙中产生积极影响。

三、社区之间合作共赢

元宇宙的最终目标是创建一个全面、互联的虚拟世界，用户可以在虚拟环境中社交、工作、学习，进行各种活动。元宇宙旨在超越传统在线体验的限制，提供一个有身临其境感觉的数字空间，模糊现实世界和虚拟世界之间的界限。它可以为用户提供存在感、沉浸感和互动感，使用户能够参与超越现实世界限制的广泛交互体验。

从本质上讲，元宇宙能够培养用户的社区感和联系感，让来自世界各地的用户能够聚集在一起，实时协作和分享经验。它提供了一个便于深度社交互动的网络平台，打破了地理障碍。

元宇宙可以改变人们学习、工作和开展业务的方式。教育机构和组织可以利用元宇宙提供身临其境的交互式学习体验。企业可以利用元宇宙进行远程协作、虚拟会议和全球业务互动，从而提高生产效率并超越实体办公空间的限制。

元宇宙为创意产业提供了巨大的机会。艺术家、创作者和开发者可以展示他们的作品，通过NFT将他们的数字作品进行商业化开发，并直接与观众

第四章 如何在元宇宙中创造财富？

互动，而无须依赖传统中介。元宇宙让创作者有了更多的话语权，并增强了艺术表现形式的自由度。

元宇宙提供了一个动态的、以用户为中心和包容性的虚拟世界，个人用户可以在其中探索、联系、学习、工作和发展。元宇宙反映了现实世界的多样性和丰富性，充满了以前无法想象的可能性，提供了新奇的体验。

各种形式和规模的元宇宙为社区的发展和协作提供了很多机会，包括空间、资源、接入点和交互方式。品牌方可以利用这些技术，与消费者以更加逼真、更加个性化的方式进行互动。

在日常业务中，品牌方正在投资，在元宇宙中建造办公室和独特的空间，办公室可用于远程工作，独特的空间可用于举办由合作伙伴、艺术家、社区成员参与的各项活动。这些空间还允许品牌方与世界各地的组织以全新的方式建立联系。

娱乐业已经成为较早以独特的方式利用元宇宙的行业之一。例如说唱歌手特拉维斯·斯科特在游戏平台堡垒之夜上为超过1 200万位虚拟观众现场表演。元宇宙利用新的交互方式吸引现有的艺术家群体，同时向数百万新用户开放。我们可能会看到其他行业效仿娱乐业，因为虚拟世界以前所未有的规模提供了接触受众、分享作品和销售产品的新方式。

社交媒体未来很有可能会以元宇宙的形式继续发展，尤其是建立在区块链技术上的虚拟世界，即数据随个人从一个平台传输到另一个平台，而不是仅限于单个平台。去中心化的数字空间将通过个性化、协作和共同创造的方式提升当前的社交媒体的体验。

新形式的社交媒体比以往任何时候都更注重发挥个人能动性、创造力和社区的力量，从社交媒体转向社交体验。元宇宙将自己定位为可塑的沉浸式景观，其中数字社交体验不断发展。在未来，社交体验和这些虚拟世界可能看起来更像游戏，类似于大型多人在线游戏中的公会，但是规模更大。

第五章
畅想元宇宙的未来

2022年10月28日,《国务院关于数字经济发展情况的报告》提请十三届全国人大常委会第三十七次会议审议。报告明确提出,牢牢抓住数字技术发展主动权,把握新一轮科技革命和产业变革发展先机,大力发展数字经济。元宇宙就是数字经济的高级阶段。

通过前面章节分析可知,元宇宙在深度、广度和时间维度上将深刻影响社会的方方面面。这就像20世纪末的那条"信息高速公路"一样,当时的人们并不知道这条路会通往哪里,比尔·盖茨却写下了那本预言之作《未来之路》(*The Road Ahead*),他确信那是一次伟大的旅程,书中的种种预测如今也都已实现。如今,我们又来到了一个能够改变人类发展进程的路口,前路依旧茫茫。

让我们畅想一下:元宇宙的未来会怎么样呢?我们可以引用比尔·盖茨的话来回答:"如果我说的话后来被验证了,有人会认为那本来就是显而易见的东西;但如果我说错了,他们会认为我说的话是那么滑稽可笑。"但我们畅想元宇宙的未来,终究是为了想明白"如何才能利用在未来年代里必然要发生的一切"。

第五章
畅想元宇宙的未来

第一节　元宇宙的技术基础

元宇宙既是现在，更是未来，否则未来还能有什么呢？元宇宙正在以不可阻挡的速度滚滚而来，元宇宙的发展将持续一个漫长的历程。在这个发展过程中，社会的"元宇宙率"将会不断提高。这将会使时代、社会、人类发生深刻的变化。

各大机构都在布局元宇宙，社交巨头Facebook把公司名字改为Meta，虽然马克·扎克伯格凭借着"元宇宙"这一概念曾让Meta的股价一度走强，但随着Meta在元宇宙领域100多亿美元的投资不见成效，从2021年9月的历史高点到2022年10月，Meta的股价下跌超过70%，市值"蒸发"超7 000亿美元。这不得不让人们怀疑：身为元宇宙的探索者，Meta是否有能力构建马克·扎克伯格描述的新世界？也许，这又是企业家（资本家）给"韭菜""画的饼"？正如马克思在《资本论》中所说："资本家害怕没有利润或利润太少，就像自然界害怕真空一样。"

Facebook改名为Meta，是因为资本需要新的故事吗？我们不否认这部分因素。Meta发布的白皮书中指出，到2030年，元宇宙的经济规模将高达3万亿美元，根据乐观的预测，元宇宙的市场规模将高达80万亿美元。从元宇宙的逻辑角度出发，各行各业都可以被元宇宙化。

因此，元宇宙这个"故事"对资本来说，有足够大的想象空间。

当然，新商业赛道的出现，定然离不开技术进步。技术发展到如今也需要一个新的应用场景。

但令人遗憾的是，元宇宙的成熟本就是一个长期演进的过程，与其相伴的是相关技术的长期演进。由于元宇宙长期发展性与短期"变现"能力弱的矛盾，我们需要警惕资本的盲目与短视。当下，除了已有的成熟商业模式外，以底层技术研发为主的项目盈利能力相对较弱，我们需要给元宇宙多一点时间和耐心。就当前的技术发展水平来说，元宇宙要走到未来，仍有许多障碍需要跨越。

一、隐私保护技术

例如被称为"进阶互联网"的Web 3.0，同样也绕不开互联网存在的用户隐私、数据安全等问题。尽管一些关于隐私的问题可以通过电信标准进行规避，但到目前为止，我们在隐私保护方面还面临一系列问题。因此，如何才能保证元宇宙健康发展下去？谁来保护孩子不被有害内容侵害？谁能保证我们不会被无穷无尽的广告侵扰？谁能保证我们的真实身份不会暴露？

由于是"进阶"，相较传统的互联网，Web 3.0赋予了用户一定的平台所有权和其他附加权利，这给元宇宙的隐私保护带来了一些新的内涵。从二维平面走向三维空间，未来的元宇宙会让"意识上传"成为可能。如果说现在的隐私信息（如个人喜好、性别、生物信息等）只是形式上的个人信息，那么在未来，一旦思想、意识、记忆、人生观、价值观等也能在元宇宙中被分析、留存，那么黑客盗取的就不只是物质财富这么简单了。

企业作为一个用户加入元宇宙后，它的隐私安全同样需要被保障。这方面相关的隐私计算技术在我国的开源[①]程度比较有限，这或许也是优先布局的厂商的优势。现阶段，在隐私计算服务方面，中国仅有腾讯、微众银行、百度、字节跳动与矩阵元等互联网"大厂"在进行开源项目。腾讯的开源项目集中于底层框架，百度的开源项目采用逐步开放的形式。总体而言，隐私计算源代码的开放程度较低。

用户可以采取措施保护自己在元宇宙中的隐私：一种方法是限制平台上共享的个人信息。用户可以使用假名或头像保护自己的身份；另一种方法是使用隐私增强技术，例如加密技术、虚拟专用网络（VPN）和差分隐私技术，这些技术可以帮助用户隐藏数据，使第三方难以跟踪或识别个人信息。

使用加密和安全通信协议也可以保护用户的隐私。通过对用户数据和通信信息进行加密，平台可以确保用户数据免受未经授权的访问或拦截行为侵犯。这也有助于保护用户免受其他用户或平台监视。

元宇宙是一项创新技术，有可能改变人们之间以及与周围环境互动的方式。然而，它并非没有隐私问题。数据收集和使用、监控以及AI和机器学习使用用户信息等问题都可能使用户的隐私面临风险。为了保证用户可以安全、自信地使用元宇宙，建立一个能够解决当前和潜在隐私问题的强大框架至关重要。这包括实施数据保护法规、保护AR/VR设备，以及教育用户了解潜在风险以及如何保护自己。解决这些问题有助于创建一个尊重用户隐私并

[①] 开源是开放源代码的简称。

改善用户体验的元宇宙。

二、全息通信技术

在未来，相比光纤，具备随时随地可连接的便捷性特点的无线网络将是进入虚实融合世界的最好途径。但无线网络需要在符合高速数据传输、覆盖范围稳定、连接能力强等要求后，才可以满足人们"随时随地访问元宇宙"的要求。

元宇宙需要的"完全沉浸式"的技术需要的数据量是惊人的。我们在看电影《复仇者联盟》时，如果要身临其境地感受到与超级英雄们在同一个战场中并肩作战，达到沉浸式的体验效果，每秒需要的数据量大概是150Gb[①]。

元宇宙还需要全息通信技术。未来的全息信息传输将通过自然逼真的视觉还原，实现人、物及其周边环境的三维动态交互，极大地满足人类对于人与人、人与物、人与环境之间的沟通需求。全息信息传输对通信系统提出了更高的要求，在实现大尺寸、高分辨率的全息显示方面，实时交互每秒需要传输的信息峰值约为150Gb，按照100∶1的压缩比计算，平均带宽需求约为1.5Gbps[②]。

由于用户在全方位、多角度的全息交互中需要同时承载上千个并发数据流，由此推断用户使用的网络带宽需要至少达到Tbps[③]的量级。这些要求都是目前的移动通信技术远远满足不了的。

---

① Gb是千兆比特。
② Gbps是千兆比特每秒，是数据传输介质（如光纤）带宽的衡量单位。
③ Tbps是太比特每秒。

三、其他技术

作为数据的输入端口，现阶段的XR设备还处于一个不完善状态。

相较VR技术而言，AR技术仍处于探索期。要在看到现实世界的同时又看到虚拟世界，这对显示模块、光学模块、定位模块的技术要求都很高。其技术路径繁多，其中"Micro LED显示技术[1]+衍射光波导[2]"被寄予厚望，但在短期内很难出现成熟的产品。

不仅如此，元宇宙对物联网、人工智能的芯片及算法、区块链技术等都有非常高的要求。元宇宙需要借助科技发展才能完全落地。因此，元宇宙的发展能够保证在未来几十年内科技领域有很多可以研究的内容，相关技术也得以源源不断地发展。市场需求和技术进步，两者是相辅相成的。

除了技术，我们在未来还需要制定一系列符合时代发展的标准。随着元宇宙相关技术的发展，我们不仅需要制定通信领域的技术，还需要制定触觉技术、XR编解码、元宇宙互操作性等领域的技术标准。

---

① Micro LED显示技术是指以自发光的微米级的LED（发光二极管）为发光像素单元，将其组装到面板上形成高密度LED阵列的显示技术。
② 衍射光波导就是利用光栅的衍射特性来设计"光路"，让光在设计好的路径上传播，将微投影系统发出的光导入人眼。

第二节　元宇宙的巨大影响

一、元宇宙与 5G 商业化应用

过去的几年里，工业互联网、大数据、5G、人工智能、区块链等都被纳入了国家"新基建"战略。我国在相关核心技术方面，有较多的技术积累。这些技术需要新的应用场景来落地，这样人们才能真切地感受到"科技改变生活"。

例如"网络及运算技术"（Network）作为元宇宙六大核心技术之一，也是与现实世界关联最为紧密的技术。从2017年第一个5G基站在广州大学城建成到2019年的5G商业化应用，5G是媒体关注的重点。2019年，B站UP主"老师好我叫何同学"依靠一段测试5G网速的视频便在全网"爆红"。由此可见，科技发展到一定程度后，便会到达一个技术的"奇点"，在奇点出现后，一个又一个"风口"便会接踵而至。2022年5月，我国已建成5G基站近160万个，占全球的60%以上，5G商业化应用进入了关键阶段。

其实，对以文字、图片和视频为载体的浏览、社交需求来说，4G已经可以为之提供足够的带宽，用5G或4G看视频并没有很明显的差异。显然，从这个角度来看，对5G的巨额投资的回报率是很低的。因此，人们需要新的应用场景来应用5G，从而衍生出一系列上下游产业链，例如车联网、远程医疗、卫星互联网等典型场景。

从这点出发，元宇宙是一个具有普适性的、巨大的通信技术应用场景。除了通信技术领域的重大变革之外，元宇宙也将进一步促进各行各业跨界融合。当然，这种跨界融合同样可以反哺元宇宙，使其有具体的落地场景。

在这个场景下，以5G为代表的新一代移动通信技术将凭借其大带宽、低时延、高可靠、广连接的特性，成为开启元宇宙大门的钥匙。5G与增强现实、云计算等前沿技术的交汇融合（"5G+X"），构成了元宇宙的部分基础设施。

"低时延"是作为虚拟世界的元宇宙必要的技术特性，时延就是数据在产生地和目的地之间传输需要的时间。在沉浸式的虚拟世界中，时延超过20毫秒，人就会产生眩晕感。"低时延"在前面提及的车联网、远程医疗等场景中，同样很重要。例如时速80千米的汽车10毫秒的行驶距离是0.22米，车联网对时延的要求是很高的。远程医疗对于超声和触觉反应的要求也在10毫秒左右。

同样，当前人们体验"元宇宙式"沉浸感的主要工具还是XR设备。在4G网络下，人们使用VR设备、AR设备的体验不是很好。相较之下，5G可以降低时延，能直接影响网络传输画面的每秒传输帧数（Frames Per Second，FPS）。FPS越高，人们的视觉体验越好。在元宇宙中，舒适的视觉体验标准被认为是60FPS到90FPS。从4G发展到5G后，10毫秒的时延使90FPS成为可能。

因此，网络的低时延在设计之初就不是单单为了满足人类需求的，也为了满足设备的需求。这样才能达到真正的万物互联，这对元宇宙来说是至关重要的。

二、元宇宙与通信技术发展

在未来，元宇宙的落地同样需要云和边缘云（MEC）技术助力，这就需要极低的时延，并满足远程渲染的要求。通过低时延且可靠的通信技术，系统可以尽可能将运算任务转移到边缘云，并利用边缘云进行渲染和流式传输，高吞吐量、低时延地使用边缘算力，处理各种繁重的任务，用户在XR设备上的体验将变得像观看流式传输电影一样。当然，边缘云技术还需围绕标准和标准化接口进行整合，以确保其可操作性，这就需要制定相应的电信标准或者元宇宙标准了。算力和通信连接力是元宇宙发展的两种重要资源。

目前，用户仍需要高性能个人计算机来体验VR游戏，但当未来采用边缘计算后，云端的计算、存储能力和内容更接近用户侧，再加上未来网络具备低时延、大带宽的特性，用户侧需要的计算工作可以由边缘云完成，从而使VR头显等设备更轻、更省电，使用成本更低。

目前，网络标准组织也正在评估这种"边缘云+轻量化终端"的分布式架构，这不仅能大幅降低终端设备的价格，还能使之摆脱电线、网线的束缚，让元宇宙可以像互联网一样，走入每一个人的生活。

自元宇宙的概念被提出来之后，5G标准也通过提升多方面的性能不断演进，以求满足更多行业场景和业界对无线通信的需求，其中大部分内容也对元宇宙提供了支撑。

第五章
畅想元宇宙的未来

在未来，元宇宙对网络的要求还会有很大的提升空间，无线通信技术甚至会因为元宇宙的出现，在5G还未被充分应用的情况下就"被迫"向6G发展。

在未来，6G就是元宇宙需要的技术。无线通信将在很大程度上成为元宇宙发展愿景的基础。

2022年1月，国务院印发了《"十四五"数字经济发展规划》，对支持6G技术研发及国际标准化工作进行了指示。2022年3月22日，第二届全球6G技术大会召开，发布了九本关于6G主题的白皮书，业内专家预计中国有望在2030年实现6G商用。那么，为了适应未来元宇宙而研发的6G，到底能对元宇宙提供哪些支持呢？

回顾移动通信技术的发展历程，我们可以看出，新应用从出现到成熟，往往需要经历一个移动通信技术升级的培育周期。1G实现的语音业务，在2G时代才获得了广泛应用；3G开始支持移动多媒体业务，到了4G时代，移动互联网业务才得到了蓬勃发展；5G的应用场景由移动互联网拓展到物联网领域，将实现与垂直行业的深度融合，开启了工业互联网时代。5G备受人们期待，是因为4G使用的频率太窄、太拥挤，需要5G加速。同理，6G在继承5G特点的同时，还要加快5G的各种应用场景落地，进一步深化物联网的应用范围和领域，最终由万物互联跃迁到万物智联。

中国IMT-2030（6G）推进组在2021年发布了《6G总体愿景与潜在关键技术白皮书》，其中对6G的应用场景进行了系统阐述，提出面向2030年及未来，6G网络将助力实现真实的物理世界与虚拟的数字世界深度融合，构建万物智联、数字孪生的全新世界。6G网络涉及的场景包括沉浸式云XR、全息通信、感官互联、智慧交互、通信感知、普惠智能、数字孪生、全域覆盖等。

以上这些场景大部分都是未来元宇宙应具有的场景。6G技术对通信指标的精度提升、通信空间的范围扩大，在关键性能指标上（如频谱效率、连接性、可靠性和时延等方面）将全面超越5G。《6G总体愿景与潜在关键技术白皮书》指出，6G的大部分性能将比5G提升10～100倍。例如，峰值速率将从5G的10Gbps提升至1Tbps，定位精度将达到室内1厘米、室外10厘米的水平等。

6G将通过地面通信、卫星通信、海洋通信和无人机（UAV）通信提供覆盖全球的信号，充分利用毫米波、太赫兹（THz）和光频段的全波段频谱，并支持包括虚拟现实和增强现实、全息通信、超高分辨率多媒体等在内的海量应用，大数据及人工智能也将充分助力6G性能提升。

简单来说，6G可以使移动网络无处不在，它形成一张面向全球、全域、全频谱的移动互联网，让元宇宙的入口无处不在。未来的元宇宙是去中心化的，这就意味着服务器永远不会"宕机"，数据永远都可以被记录和读取。在未来，只要用户携带了相关的"未来元宇宙设备"，就可以随时随地进入元宇宙，甚至是在海底或者太空。

在无处不在的移动互联网上，隐藏着的是无处不在的算力，形成云、边、端分级的算力网络，系统可以实现对算力随时随地、随心随愿的调用能力，确保了算力能和人工智能以及"未来元宇宙设备"深度融合，并不限场景地正确运行。

当然，以上讨论的都是看得到的数据，6G是否能匹配得上，或者这些愿景需要7G、8G才能实现，这都是犹未可知的。前文也说过，元宇宙的演进过程将会很漫长，网络作为基础设施，为其他技术提供保障，网络的性能当然是越强越好。

第五章
畅想元宇宙的未来

当然，就像5G没有完全取代4G一样，6G也不会完全取代5G，未来的"nG"可能同样如此。这是"性能过剩"导致的，就像一个人再怎么富有，也不能说"1元"对他来说可有可无，因为每个人的财富都是由众多"1元"逐渐累积起来的。

如果未来元宇宙需要的是5G及以上网络，那么4G到1G的作用将大大降低。同样，到那时，手机可能也早已不是数据的载体了，就像现在没人用寻呼机一样。那么，网络的性能指标要到什么程度才能满足未来元宇宙的需求呢？未来网络的理想状态是人们再也看不到下载、传输的进度条，肉眼无法发现网络延迟，能支持全真虚拟数据传输，让人无法分辨虚拟和现实等。

更重要的是，未来的网络要能够覆盖全世界。

三、未来元宇宙设备

如果像前面说的，未来世界没有手机了，那对人们来说，网络和数据的移动载体变成了什么呢？那就是前文多次提到的"未来元宇宙设备"。

之所以称之为"未来元宇宙设备"，是因为目前基于5G而火起来的AR设备、VR设备等XR设备，它们有些不能摆脱电线，有些过于笨重，有些则过于昂贵，这些都不是元宇宙设备的最终形态。在未来，人们也许仅凭一个电子手环、一枚电子戒指就可以自由出入元宇宙。现在的人们很难想象，这么小的数字设备竟能凭借网络承载整个元宇宙。

《三体》作者刘慈欣在接受采访时说："虚拟现实技术让人变得越来越'内向'，整个人类文明变得越来越'内向'。"有人说，一个人在虚拟现实里能给自己创造出各种体验，这小小数字设备几乎能够代替一切，人类文明越

245

来越变成一种很"内向"的文明，而不是向外去开拓、去探索的文明。

真的会这么悲观吗？其实不然，因为这个问题，得等到元宇宙完全落地之后才值得担忧，它至少可以证明"元宇宙"这个概念是可行的。

苹果首席执行官蒂姆·库克（Tim Cook）在接受荷兰新闻媒体采访时，对元宇宙的概念泼了一些冷水。蒂姆·库克表示："我一直认为人们了解某物是什么很重要，而我真的不确定一般人能告诉你什么是元宇宙。苹果在很大程度上避免使用'元宇宙'这个词。"

其实蒂姆·库克的观念和刘慈欣的观念是类似的。因为在提及AR技术时，蒂姆·库克的态度则一改之前谈论元宇宙时的谨慎态度，他表示："我认为AR技术是一项影响深远的技术，它将改变一切。想象一下，你可以用AR技术进行教学，这样你就可以直接演示化学或者医学方面的知识。就像我说的，我们未来将难以想象过去没有AR技术的生活。"蒂姆·库克认为，与定义模糊不清的元宇宙相比，AR技术才是一种定义更为明确的技术，并且确实有一定的用处。实际上，蒂姆·库克过去曾多次表达类似的看法，他一直认为科技应该要提高人们的生活效率、改善人们的生活体验，而不是孤立人们或为人们逃离现实提供窗口，就像刘慈欣所说的"内向"。因此，蒂姆·库克认为，AR技术在这方面的表现令人惊叹，但他对会孤立人们的"虚拟世界"的相关技术保持谨慎态度。

还有不少人持类似的观点。社交媒体公司Snap（快照）的联合创始人兼CEO埃文·斯皮格尔（Evan Spiegel）同样不喜欢"元宇宙"一词并热衷于AR技术。他曾在《卫报》对他的采访中指出，Snap的员工很少用"元宇宙"一词，因为在他们看来，元宇宙是一种"模棱两可的和假想的"描述，人们"热爱现实世界"。因此，Snap将"赌注"都押在AR技术，而非资本市场追捧的"元宇宙"概念。

但与其说苹果、Snap等公司对元宇宙持悲观的态度，不如说是这些公司不像其他科技巨头那样热情地看待元宇宙，苹果、Snap等公司对元宇宙是持保守态度的。相较虚无缥缈的未来元宇宙，苹果、Snap等公司更加热衷于眼前看得见、摸得着的技术，可这并不意味着他们没有参与到元宇宙的赛道中来。

说了这么久的元宇宙，我们已经知道AR技术其实就是元宇宙核心技术中的一种交互（interactivity）技术。正如前文所说，除了已有的成熟商业模式外，元宇宙中其他底层技术研发为主的项目盈利能力相对较弱，而交互技术便是目前元宇宙在5G商业化应用中相对比较成熟的一个赛道。苹果等公司以其保守的态度，抛开了元宇宙背景，纯粹地进军AR领域。不过，正所谓"条条大路通罗马"，在未来，苹果等公司可能最终都会从自己的出发点走到"罗马"——元宇宙。

就像现在智能手机是移动互联网的入口，在未来，XR（AR、VR、MR）设备可能是元宇宙的入口。目前XR设备在5G的加持下跨过了从0到1的导入期，进入了从1到10的发展期。在未来，XR设备将取代手机。这并非博眼球的观点，而是有凭有据的。

现阶段的XR设备类似于刚兴起时期的智能手机。智能手机的发展在iPhone4（第四代苹果手机）之后就进入了停滞期，始终局限在与iPhone4类似的框架内发展。就像人们对个人计算机变革的期待已降低一样，因为它不具有便携性。当手机无法实现XR设备所具有的沉浸性和可穿戴性等特点后，人们自然也会降低对手机变革的期待，移动设备的变革便由此展开，人机交互从音视交互向多维感官交互转变。变革的展开不仅伴随着市场的需求，也需要相关技术的发展。

与智能手机不同，XR设备集合了微显示器、传感器、芯片和算法等多项技术。在现阶段的XR技术中，VR技术不仅在技术上相较AR技术更成熟，而且升级路径更清晰。VR设备有望成为进入元宇宙的第一个入口。虽然VR技术在面向消费者（C端）市场的消费场景仍然偏向于游戏娱乐性质，但是在面向企业（B端）市场的消费场景已初具元宇宙的雏形。

曼恒科技研发了上海浦东机场的VR火灾应急演练系统。通过VR和5G、云渲染技术，该系统模拟了机场火灾突发事件以及机场消防员如何在该场景下开展消防应急救援。虽然该系统对沉浸感和交互感的要求相对较低，但这种将现实中的场景复刻到虚拟世界中，然后让人们在虚拟世界进行场景模拟训练的应用方式，在一定程度上连接了现实世界和虚拟世界，让我们看到了元宇宙的广阔应用前景。

同理，在未来，工业设计、教学训练等较复杂或具有较高危险性的活动都可以在元宇宙中进行。例如，在工业领域中，制造业企业可以在虚拟世界中构建仿真场景，利用各类数据，充分优化其生产环节中的设施、设备布局和工艺流程等。这样一来可以节省成本，二来可以提高安全性。对那些有演练需求的场景，元宇宙也能很好地满足需求。在未来，我们可以在虚拟世界中开展更大规模和更加复杂的军事和应急训练等。

正是关注到了"元宇宙"在未来的可能性，各国对VR、AR产业在面向企业市场和面向政府市场（G端）的布局尤为关注。

党中央强调，要将VR、AR产业作为数字经济产业的重要一环。在政策顶层规划层面，元宇宙已经进入中国要重点发展、关注的领域，通过推动各个领域和VR技术融合，催生更多新的业态和新的模式。据统计，2021年，国家部委层级发布的跟VR技术产业相关的政策有37条，地方政府层面发布的跟VR技术产业相关的政策多达310条。这些政策主要聚焦于产业规划、产业扶持等。VR、AR的应用场景包括文化旅游、宣传展示、教育、商贸等，这些都是未来元宇宙可发力的方向。

我们回过头来再看蒂姆·库克所讲的那些话，也反映了一个非常有意思的现象：所有VR厂商都在悄悄地做AR设备，但不是所有AR厂商都会去做VR设备。如果不考虑技术限制的话，相比将现实世界带到元宇宙中去的VR技术，AR技术能将元宇宙带到现实世界中来。从这点上来看，在未来，AR技术可能拥有更广泛的使用场景，因为它的落脚点仍然是现实世界。在以未来世界为背景的电影中，主角进入虚拟世界后通过上下滑动手指，会出现一个个虚拟弹窗、虚拟物体，这些弹窗、物体可以被点击并跟着主角实时移动。这便是AR技术能实现的场景。在未来，我们也可以像"漫威电影"中的钢铁侠一样，拥有那些高科技设备。

第三节 从"技术层面"的元宇宙到"精神层面"的元宇宙

一、元宇宙的未来

现在,关于元宇宙"技术层面的未来"的叙述先告一段落,我们下面来聊一聊元宇宙"精神层面的未来"。

与其从技术的角度来分析元宇宙的未来,不如说我们想要的是什么样的元宇宙,它的未来应该是什么样的。

在目前众多的元宇宙项目中,Roblox相对来说较为成功。作为一个多人在线创作游戏平台,其公司CEO大卫·巴斯祖基总结了元宇宙的八大要素。其中,身份、朋友、文明、多元化、经济体系是比较核心的五个要素,低延时、沉浸感、永不"宕机"三个要素只不过是技术手段,而不是目的。与其说元宇宙核心的五个要素是人们想要的,不如说那是人们想"创造"的。

刘慈欣在接受采访时不仅提到了"内向的文明",还提出一个观点:"我最近注意到一个事实,改变现代社会的有两大类技术:一类是计算机技术、网络技术,另外一类就是航天技术……这两类技术有共同之处,都是在开拓未知的空间。计算机技术、网络技术开拓的是未知的虚拟空间；航天技术开拓的是已有的实体的宇宙空间。"

刘慈欣的话不无道理，但有一点需要纠正，航天技术的进步确确实实可以让人类开拓未知的领域，人类无论是诞生还是毁灭，浩瀚无垠的宇宙空间一直横亘在那里。但与其说计算机技术、网络技术是在开拓未知的虚拟空间（元宇宙），不如说计算机技术、网络技术是在"创造"未知的空间。与计算机技术、网络技术情况类似的一项技术是生物工程技术，这才是真正的"内在文明"。与"生物工程"对应的"外在文明"，确切地说，是人工智能。

纵观人类漫长的发展史，我们一直在向上攀爬，试图寻找到人类文明的"眼睛"。

"君子生非异也，善假于物也。"自我们的祖先从地上捡起第一块作为工具的石头之后，人类就一直在创造符合自己心意的事物，比如鲁班发明的工具、近代诞生的自动化装置。

这些发明创造在一定程度上增强了人类的力量。于是，我们开始不满足于"工程师"的角色。

"一位疯狂的科学家，收集骨头、内脏和各种尸体碎片，拼凑出一具人的肉体，然后用闪电注入生命，在雨夜创造出一个丑陋的怪物。"1818年，玛丽·雪莱在自己的科幻小说《科学怪人》中开创了"造人狂想"。从19世纪开始，以解剖学家为首的生物学领域研究者开始了"疯狂"的尝试。从生物科技中的基因复制到后来发展的无性繁殖再到日渐成熟的克隆技术，人类竭尽所能地想要触及创造的终极目标——创造生命，这俨然已经超出了传统认知上人能达到的范围。

随着时间流逝，"生化人"仍然是生物工程的一大难题，于是人们退而求其次，开始试图创造人工智能，希冀机器的外壳有朝一日可以包裹人类的思想，这也是接近生命本质的一种尝试。也就是在这时，人们意识到，新的生命可以不局限于物理意义，肉体如同机器的外壳一般也可以是"身外之物"。广义上的生命似乎更加贴合"我思故我在"的哲学思想，于是虚拟世界的逻辑就成立了。人类也终于找到了另一条可以达到创造终极目标的路——创造虚拟世界，构建虚拟文明。

我们在前文大量提及科幻作家和他们的科幻作品，因为人类对于未来的思考与憧憬总是以"作品"的方式呈现出来的。尤其是一些科幻作品，可以被称为"先知文学"。例如1954年才问世的第一艘核潜艇"鹦鹉螺号"的名字源于儒勒·凡尔纳在1869年创作的小说《海底两万里》中的潜艇名称。

近半个世纪来，关于元宇宙最出名的几部"先知作品"，就要数威廉·吉布森的《全息玫瑰碎片》和《神经漫游者》了，因为相较于传统意义上的"virtual world"（虚拟世界，该词也可以指架空世界或者梦境世界等），威廉·吉布森为以计算机模拟为主要手段的虚拟世界，也就是我们所称的元宇宙取了个更贴切的名字——Cyber Space（赛博空间）。

就像威廉·吉布森的作品中提到的那样，在未来，元宇宙成为一个和现实世界直接互通的虚拟世界，人们可以通过"元设备"任意穿梭于两个世界之间。

在数十年乃至数百年之后，人们进入元宇宙，可以摆脱肉体的束缚而独立存在于虚拟世界之中。当人们处于元宇宙时，现实世界只是保存肉体的空间罢了。就算人们从元宇宙之中出来了，它也不会像录播的视频一样暂停，而是实时进行下去，永不"宕机"的元宇宙应该是永久且可持续的。

不同于现实世界，在未来，我们可以穿越时空，摆脱物理规则的限制。

元宇宙既可以是一个属于个人的空间，也可以是一个人人可以交互的虚拟世界。这个世界既没有派别之分，也没有规则的适用性之分，因为规则是普适的。元宇宙的各个角落都采用统一的协议。元宇宙的经济体系或许和现实的经济体系不同，但是两者是相互影响的，会出现各种复杂的加密货币增发、销毁等机制，使两个世界的经济模式变得更加稳定。

二、数字永生

未来元宇宙最重要、必不可缺的就是虚拟人和虚拟宠物。它们没有肉体，但是有类人的意识和精神，能和人类讨论、争吵甚至相爱。在轻小说《刀剑神域》中，主角的AI女儿"结衣"，就是前文提到的虚拟人。虽然被称作"AI精灵"，但"结衣"在意识层面的表现已经超出了目前AI技术可以做到的程度。"结衣"应该已经具备较高形态的"虚拟人格"了。

当这种虚拟生命诞生且其所具有的"人格"获得了全人类的认可时，彼时人类的属性已经接近于"神"了！因为虚拟人的出现预示人类的"创造"已经到达一个新的阶段，从而迈向元宇宙的最终一步：人机耦合，数字永生。

如果问什么是全人类的共同梦想，那么长生不老肯定是其中之一。在道教中，长生不老指永生、不死、不灭、不老。这是作为"千古一帝"的秦始皇都苦苦追寻而不得的梦想。

医学发展到现代，有研究表明人的衰老与体内细胞老化和停止分裂有关，只要人体细胞一直保持不间断地分裂，细胞总数就不会减少，从理论上来说，人就可以长生不老。

与此同时，也有人认为身体是人发展的桎梏，人们可以通过舍弃脆弱的身躯，将意识和记忆投放在虚拟的世界中，这样人类也能永生，因为只有人的意识和精神才是真实的，而这也是元宇宙存在并发展的意义之一。那么在未来，虚拟人的出现就使得这种理论成为可能。元宇宙是Metaverse，其中的"meta"意味着超越、超脱，人类在元宇宙中获得最高级别的超脱便是永生！

讲到这里，其实我们已经意识到，对元宇宙未来的探索早就不是简单的技术讨论，所涉及的不仅仅是传播学、社会学、经济学，还有哲学。正如A16Z[①]的合伙人乔纳森·莱（Jonathan Lai）在一篇文章中表述的那样：元宇宙的未来，最令人激动的，既不是其浩瀚无垠的虚拟世界规模，也不是创新的先进基础设施，而是元宇宙将颠覆人类的社交方式和社会形态。

或许时代的进程就是这样，从最初"宁为太平犬，莫作乱世人"的叹息到如今坐谈永生，人类文明能发展到如今，所做的不就是沿着曾经的脚步，走在当下的道路，朝向未来的方向前进吗？我们所关心的未来元宇宙，其实不正是出于人类对自身未来的殷切展望吗？

既然我们最初是以游戏为切入点进入元宇宙的，那么就让我们以游戏《文明6》的台词作为结尾。

远古时代

从水下第一个生命的萌芽开始……到石器时代的巨型野兽……再到人类第一次（真正）直立行走，你已经历许多（事件）。现在，开启你最伟大的探

---

① A16Z是美国硅谷的知名风险投资机构之一，口号是"支持大胆的企业家通过科技创造未来"。

索:从早期文明的摇篮到浩瀚星宇。

古典时代

从卑微的最初,你就展示出了非凡的成长力。从青铜到钢铁,用马匹和刀剑来统治(世界)吧。天空开始揭示出自己的秘密,宇宙让我们为之兴奋,星空指引我们来到异国海岸。

中世纪

你用石头建造了很多城市,见证了早期帝国的崛起与衰落。不久,你将站在城堡高耸的尖塔下,旁边是你勇敢的骑士。关于你(的)国民的故事将从这里写起。如同年轻学徒学习握剑一样,你会逐渐了解自己在这个世界上(的)位置。

文艺复兴时代

从步枪的枪管到天空中的焰火,新的动力不断产生,甚至新印刷的书刊里安安静静的文字也蕴含着巨大变化。这个世界曾经又大又神秘,如今已变得越来越小,(让人)越来越熟悉。然而,总有问题有待解决,总有信仰需要经受考验,总有民族认同需要形成。

工业时代

机器嗡嗡(地)响个不停、烟味刺鼻、灰烬和煤烟遮挡住视线——这是时代变迁的标志。科学和文化进步的诱惑是推动你的王国不断向前发展的动力。现在,你面临的挑战是维持地球和人类、和平与战争之间微妙的平衡。

现代

最先,有很多关于飞人的传说。如今,你位于这些传说成为现实的临界点。通过飞行和新的通信方式,你能创造出一个又小又亲密的世界。但代价是什么呢?对于如何统治、如何生存的问题,不同理解造成了全球冲突。在这种越来越吵闹不休的思想辩论中，你必须选择自己要走的路。

原子能时代

新发现的领域拓宽了我们的认知（范围），从微小的原子到壮阔的外太空，我们（现在）比历史上任何时候都更接近真相，（而那）远远超过我们的理解范围。你需要选择如何使用这些知识来击退前所未有的黑暗。

信息时代

信息世界在你手掌之中，即时通信网络遍布全球。然而，（人们）还未有对未来的统一看法。我们在科技、文化和政治上不断竞争。我们拥有的致命武器可以摧毁我们（所在的）整个星球。（你将）带领我们小心而大胆地前行，建立面向未来的全球社区。

未来时代

这个世界所蕴含的奇迹之多绝非远古先知的梦境所能构想，所拥有的灾祸之恐怖也非"天启"所能描绘。世界不但有拥有自我意识的机器，更有编织梦幻仙境的全新事物。（你在）很久以前做出的选择将在这个时代产生重大结果，而它们需要坚定不移的答案。

前进吧，元宇宙将实现人类对文明未来的美好愿景！

后 记

两个不同背景、不同领域的人因为这本《淘金元宇宙》走到了一起。本人在投资投行界从业多年，在工作过程中，很早就意识到人工智能将对各行各业产生巨大的甚至颠覆性的影响。此前，中国在科学技术方面的原创性成果不多，科学技术方面的原创性成果大多是舶来品。为了从源头了解人工智能，本人翻译了人工智能之父、麻省理工学院人工智能实验室创始人马文·明斯基的代表作《情感机器》和信息哲学创始人、牛津大学教授弗洛里迪的代表作《第四次革命》，之后又应邀撰写了关于人工智能的科普书《人工智能关我什么事》。这两年元宇宙大热，因为元宇宙的底层技术是人工智能，我应北京时代华文书局之邀，撰写了《淘金元宇宙》。为了深入了解元宇宙，我阅读了几乎所有能找到的关于元宇宙方面的书籍资料，请教了十几位在元宇宙领域有深入研究或者创业的人士，其中孙霄汉博士是信息科技行业的老兵，不仅在资产管理方面有着深刻的洞察，更在区块链技术、数字经济、加密货币、元宇宙等应用和推广上做出了显著的贡献，他后来成为我这本书的合著者。

在创作本书的过程中，我得到了朱嘉明、肖风、Ken博士三位行业大咖的亲切指导和倾情推荐，得到了著名作家史贤龙，中国移动通信联合会元宇宙产业委员会秘书长何超，深圳前海链科信息技术有限公司CEO、深圳市区块链技术应用协会执行会长盛徐桦，谷歌高级工程师Jason（杰森）等杰出人士多方面的帮助。我在此深表感谢！

  本书引用了大量公开资料，包括网上资料，我在此对这些文章的作者表示深深的谢意！本书中使用的部分图片未能找到版权方，如侵犯到您的权益或版权请及时与我联系。

  由于元宇宙更多是属于未来的，现在对"她"的描述肯定有很多不太准确的地方。希望各位读者向我提供宝贵意见和建议，交流邮箱：1158367075@qq.com。